Bismillah

1443 AH

(August 2021 - July 2022)

PAPATIA FEAUXZAR

DJARABI KITABS PUBLISHING

Dallas, Texas

USA

1443 AH © 2021

This planner belongs to:

_____

"When you do things from your soul, you feel a river moving in you, a joy." — *Rumi*

«Ils t´interrogent sur les nouvelles lunes - Dis: "Elles servent aux gens pour compter le temps, et aussi pour le Hajj [pèlerinage]... » (Coran 2/189)

For information contact:
Djarabi Kitabs Publishing
P.O. BOX 703733
Dallas, TX 75370
USA
www.djarabikitabs.com

Cover design by Sam Rog
Original Template by R.A. Ignacio
Interior Design by Papatia Feauxzar
Blessings to all the sources used.

ISBN-13: 978-1-947148-39-0
ISBN-10: 1-947148-39-7

First Print Edition: February 2021

10 9 8 7 6 5 4 3 2 1

Happy Muslim Year 1443!

For as long as I can remember, I have been trying to fully reclaim the *hijri* calendar in my daily life and in my writings. Every day, I take small steps toward that goal. I hope that with this calendar, you're also able to reclaim your Muslim identity, time frame, memorize and reflect on the names of Allah as well *insha'Allah*.

Below is a *dua* to read three times on the first day of Muharram or at least within the first three days of the New Muslim Year.

- *Bismillahi ar-rahmaani ar-rahiim. Alhamdullilahi rabbil 'aalameen. Waassalaatu Wassalaamu alaa sayyidinaa Muhammadin wa alaa aalihii wa sahbihii ajma iin. Allahumma antaa'l-abadiyyu'l-kadiim. Al-hayyu'l-kariim. Al-hannaa-nul mannaan. Wa haadhihii sanatun jadiidatun as'aluka fiiha'l-'ismat mina shaytani rajiim. Wal 'awna alaa haadhihinnafsi'l-ammaarati bissuui wa'l-ishti ghaala bimaa yukarribunii ilayka, yaa dhal-jalaali wa'l-ikraam. Birahmatika yaa arhamarraahimiin. Wa sallallaahu wa salam alaa sayyidinaa wa nabiyyinaa Muhammadin wa alaa aalihii wa sahbihii wa ahl-i baytihii ajma 'iin.*

In addition, the Sahabahs (*radiyallahu anhu*) would learn the following *dua* for when the new month or New Muslim Year would begin:

- اللهم أَدْخِلْهُ عَلينا بِالأمْنِ وَالإيمان وَالسَّلامَةِ وَالإِسْلامِ وَرِضْوَانٍ مَنَ الرَّحْمن وجوارٍ مَنَ الشَّيْطان

- *Allahumma adkhilhu 'alayna bil amni wal iman, was salamati wal islam, wa ridwanim minar Rahman, wa jiwarim minash shaytan*

- O Allah, bring this [month or year] upon us with security, iman, safety, Islam, your pleasure and protection from shaytan. (Al-Mu'jamul Awsat of Tabarani, Hadith: 6237)

I wish you *mubarak* prosperity, growth and health in 1443. *Aameen*.

With love and peace,

Papatia Feauxzar

Original Author's Note: Rabi-II 27th, 1440 (Friday, January 4th, 2019)

Third Edition's Date: Jumada-II 11th, 1442 (Sunday, January 24th, 2021)

Allaah (Allah)

MUHARRAM 1st, 1443 (SUNDAY, AUGUST 8th, 2021)

TASKS:	GOALS:
☐ _____	★ _____
☐ _____	★ _____
☐ _____	★ _____
☐ _____	★ _____
☐ _____	★ _____
☐ _____	★ _____
☐ _____	
☐ _____	**I'M GRATEFUL FOR:**
☐ _____	♥ _____
☐ _____	♥ _____
☐ _____	♥ _____
☐ _____	♥ _____

Notes:

"Live every day of the Muslim year like it was a day in Ramadan where it comes easy for you to track the days in the holy month." — Fofky

Ar Rahmaan (The Most Gracious)

MUHARRAM 2nd, 1443 (MONDAY, AUGUST 9th, 2021)

TASKS:
- [ ]
- [ ]
- [ ]
- [ ]
- [ ]
- [ ]
- [ ]
- [ ]
- [ ]
- [ ]
- [ ]

GOALS:
- ★
- ★
- ★
- ★
- ★
- ★

I'M GRATEFUL FOR:
- ♥
- ♥
- ♥
- ♥

Notes:

Most Inspiring Quote:

Ar Rahiim (The Most Merciful)

MUHARRAM 3rd, 1443 (TUESDAY, AUGUST 10th, 2021)

TASKS:
- [ ]
- [ ]
- [ ]
- [ ]
- [ ]
- [ ]
- [ ]
- [ ]
- [ ]
- [ ]
- [ ]
- [ ]

GOALS:
- ★
- ★
- ★
- ★
- ★

I'M GRATEFUL FOR:
- ♥
- ♥
- ♥
- ♥

Notes:

Most Inspiring Quote:

Al Malik (The Ruler)

MUHARRAM 4th,1443 (WEDNESDAY, AUGUST 11th, 2021)

TASKS:
- [ ]
- [ ]
- [ ]
- [ ]
- [ ]
- [ ]
- [ ]
- [ ]
- [ ]
- [ ]
- [ ]
- [ ]

GOALS:
- ★
- ★
- ★
- ★
- ★

I'M GRATEFUL FOR:
- ♥
- ♥
- ♥
- ♥

Notes:

Most Inspiring Quote:

Al Quddoos (The Most Pure)

MUHARRAM 5th, 1443 (THURSDAY, AUGUST 12th, 2021)

TASKS:	GOALS:
☐	★
☐	★
☐	★
☐	★
☐	★
☐	★
☐	
☐	**I'M GRATEFUL FOR:**
☐	♥
☐	♥
☐	♥
☐	♥

Notes:

Most Inspiring Quote:

As Salaam (The Giver of Peace)

MUHARRAM 6th, 1443 (FRIDAY, AUGUST 13th, 2021)

TASKS:
- [ ]
- [ ]
- [ ]
- [ ]
- [ ]
- [ ]
- [ ]
- [ ]
- [ ]
- [ ]
- [ ]
- [ ]

GOALS:
★
★
★
★
★
★

I'M GRATEFUL FOR:
♥
♥
♥
♥

Notes:

Most Inspiring Quote:

Al Muumin (The Granter of Security)

MUHARRAM 7th,1443 (SATURDAY, AUGUST 14th, 2021)

TASKS:
- [ ] _____
- [ ] _____
- [ ] _____
- [ ] _____
- [ ] _____
- [ ] _____
- [ ] _____
- [ ] _____
- [ ] _____
- [ ] _____
- [ ] _____
- [ ] _____

GOALS:
★ _____
★ _____
★ _____
★ _____
★ _____
★ _____

I'M GRATEFUL FOR:
♥ _____
♥ _____
♥ _____
♥ _____

Notes:

Most Inspiring Quote:

Al Muhaymin (The Guardian)

MUHARRAM 8th, 1443 (SUNDAY, AUGUST 15th, 2021)

TASKS:
- [ ]
- [ ]
- [ ]
- [ ]
- [ ]
- [ ]
- [ ]
- [ ]
- [ ]
- [ ]
- [ ]
- [ ]

GOALS:
- ★
- ★
- ★
- ★
- ★
- ★

I'M GRATEFUL FOR:
- ♥
- ♥
- ♥
- ♥

Notes:

Most Inspiring Quote:

Al Azeez (The Almighty)

MUHARRAM 9th, 1443 (MONDAY, AUGUST 16th, 2021)

TASKS:
- [ ]
- [ ]
- [ ]
- [ ]
- [ ]
- [ ]
- [ ]
- [ ]
- [ ]
- [ ]
- [ ]
- [ ]

GOALS:
- ★
- ★
- ★
- ★
- ★

I'M GRATEFUL FOR:
- ♥
- ♥
- ♥
- ♥

Notes:

Most Inspiring Quote:

Al Jabbaar (The Powerful)

MUHARRAM 10th, 1443 (TUESDAY, AUGUST 17th, 2021)

TASKS:
- ☐ _____
- ☐ _____
- ☐ _____
- ☐ _____
- ☐ _____
- ☐ _____
- ☐ _____
- ☐ _____
- ☐ _____
- ☐ _____
- ☐ _____
- ☐ _____

GOALS:
- ★ _____
- ★ _____
- ★ _____
- ★ _____
- ★ _____
- ★ _____

I'M GRATEFUL FOR:
- ♥ _____
- ♥ _____
- ♥ _____
- ♥ _____

Event: Ashura

Notes:

Most Inspiring Quote:

Al Mutakabbir (The Majestic)

MUHARRAM 11th, 1443 (WEDNESDAY, AUGUST 18th, 2021)

TASKS:	GOALS:
☐ _____	★ _____
☐ _____	★ _____
☐ _____	★ _____
☐ _____	★ _____
☐ _____	★ _____
☐ _____	★ _____
☐ _____	
☐ _____	**I'M GRATEFUL FOR:**
☐ _____	♥ _____
☐ _____	♥ _____
☐ _____	♥ _____
☐ _____	♥ _____

Notes:

Most Inspiring Quote:

Al Khaaliq (The Creator)

MUHARRAM 12th, 1443 (THURSDAY, AUGUST 19th, 2021)

TASKS:
- [ ]
- [ ]
- [ ]
- [ ]
- [ ]
- [ ]
- [ ]
- [ ]
- [ ]
- [ ]
- [ ]
- [ ]

GOALS:
- ★
- ★
- ★
- ★
- ★

I'M GRATEFUL FOR:
- ♥
- ♥
- ♥
- ♥

Notes:

Most Inspiring Quote:

Al Baari (The Maker)

MUHARRAM 13th, 1443 (FRIDAY, AUGUST 20th, 2021)

TASKS:
- [ ]
- [ ]
- [ ]
- [ ]
- [ ]
- [ ]
- [ ]
- [ ]
- [ ]
- [ ]
- [ ]
- [ ]

GOALS:
★
★
★
★
★
★

I'M GRATEFUL FOR:
♥
♥
♥
♥

Notes:

Most Inspiring Quote:

Al Musawwir (The Fashioner of Forms)

MUHARRAM 14th, 1443 (SATURDAY, AUGUST 21st, 2021)

TASKS:
- [ ]
- [ ]
- [ ]
- [ ]
- [ ]
- [ ]
- [ ]
- [ ]
- [ ]
- [ ]
- [ ]
- [ ]

GOALS:
- ★
- ★
- ★
- ★
- ★
- ★

I'M GRATEFUL FOR:
- ♥
- ♥
- ♥
- ♥

Notes:

Most Inspiring Quote:

Al Ghafaar (The Ever Forgiving)

MUHARRAM 15th, 1443 (SUNDAY, AUGUST 22nd, 2021)

TASKS:	GOALS:
☐	★
☐	★
☐	★
☐	★
☐	★
☐	★
☐	
☐	**I'M GRATEFUL FOR:**
☐	♥
☐	♥
☐	♥
☐	♥

Notes:

Most Inspiring Quote:

Al Qahhaar (The Subjugator)

MUHARRAM 16th, 1443 (MONDAY, AUGUST 23rd, 2021)

TASKS:
- [ ] _____
- [ ] _____
- [ ] _____
- [ ] _____
- [ ] _____
- [ ] _____
- [ ] _____
- [ ] _____
- [ ] _____
- [ ] _____
- [ ] _____
- [ ] _____

GOALS:
★ _____
★ _____
★ _____
★ _____
★ _____
★ _____

I'M GRATEFUL FOR:
♥ _____
♥ _____
♥ _____
♥ _____

Notes:

Most Inspiring Quote:

Al Wahhaab (The Bestower)

MUHARRAM 17th, 1443 (TUESDAY, AUGUST 24th, 2021)

TASKS:
- [ ]
- [ ]
- [ ]
- [ ]
- [ ]
- [ ]
- [ ]
- [ ]
- [ ]
- [ ]
- [ ]
- [ ]

GOALS:
- ★
- ★
- ★
- ★
- ★
- ★

I'M GRATEFUL FOR:
- ♥
- ♥
- ♥
- ♥

Notes:

Most Inspiring Quote:

Ar Razzaaq (The Ever Provider)

MUHARRAM 18th, 1443 (WEDNESDAY, AUGUST 25th, 2021)

TASKS:
- [ ]
- [ ]
- [ ]
- [ ]
- [ ]
- [ ]
- [ ]
- [ ]
- [ ]
- [ ]
- [ ]
- [ ]

GOALS:
- ★
- ★
- ★
- ★
- ★
- ★

I'M GRATEFUL FOR:
- ♥
- ♥
- ♥
- ♥

Notes:

Most Inspiring Quote:

Al Fattaah (The Opener)

MUHARRAM 19th, 1443 (THURSDAY, AUGUST 26th, 2021)

TASKS:
- [ ] _____
- [ ] _____
- [ ] _____
- [ ] _____
- [ ] _____
- [ ] _____
- [ ] _____
- [ ] _____
- [ ] _____
- [ ] _____
- [ ] _____
- [ ] _____

GOALS:
- ★ _____
- ★ _____
- ★ _____
- ★ _____
- ★ _____
- ★ _____

I'M GRATEFUL FOR:
- ♥ _____
- ♥ _____
- ♥ _____
- ♥ _____

Notes:

Most Inspiring Quote:

Al Aleem (The All Knowing)

MUHARRAM 20th, 1443 (FRIDAY, AUGUST 27th, 2021)

TASKS:
- [ ]
- [ ]
- [ ]
- [ ]
- [ ]
- [ ]
- [ ]
- [ ]
- [ ]
- [ ]
- [ ]
- [ ]

GOALS:
- ★
- ★
- ★
- ★
- ★
- ★

I'M GRATEFUL FOR:
- ♥
- ♥
- ♥
- ♥

Notes:

Most Inspiring Quote:

Al Qaabid (The Restrainer)

MUHARRAM 21st, 1443 (SATURDAY, AUGUST 28th, 2021)

TASKS:	GOALS:
☐	★
☐	★
☐	★
☐	★
☐	★
☐	★
☐	
☐	**I'M GRATEFUL FOR:**
☐	♥
☐	♥
☐	♥
☐	♥

Notes:

Most Inspiring Quote:

Al Baasit (The Expander)

MUHARRAM 22nd, 1443 (SUNDAY, AUGUST 29th, 2021)

TASKS:
- [ ]
- [ ]
- [ ]
- [ ]
- [ ]
- [ ]
- [ ]
- [ ]
- [ ]
- [ ]
- [ ]
- [ ]

GOALS:
★
★
★
★
★

I'M GRATEFUL FOR:
♥
♥
♥
♥

Notes:

Most Inspiring Quote:

Al Khaafid (The Humbler)

MUHARRAM 23rd, 1443 (MONDAY, AUGUST 30th, 2021)

TASKS:
- [ ]
- [ ]
- [ ]
- [ ]
- [ ]
- [ ]
- [ ]
- [ ]
- [ ]
- [ ]
- [ ]
- [ ]

GOALS:
- ★
- ★
- ★
- ★
- ★

I'M GRATEFUL FOR:
- ♥
- ♥
- ♥
- ♥

Notes:

Most Inspiring Quote:

Ar Raafi (The Exalter)

MUHARRAM 24th, 1443 (TUESDAY, AUGUST 31st, 2021)

TASKS:
- [ ]
- [ ]
- [ ]
- [ ]
- [ ]
- [ ]
- [ ]
- [ ]
- [ ]
- [ ]
- [ ]
- [ ]

GOALS:
- ★
- ★
- ★
- ★
- ★
- ★

I'M GRATEFUL FOR:
- ♥
- ♥
- ♥
- ♥

Notes:

Most Inspiring Quote:

Al Muizz (The Giver of Honor)

MUHARRAM 25th, 1443 (WEDNESDAY, SEPTEMBER 1st, 2021)

TASKS:
- [ ]
- [ ]
- [ ]
- [ ]
- [ ]
- [ ]
- [ ]
- [ ]
- [ ]
- [ ]
- [ ]
- [ ]

GOALS:
- ★
- ★
- ★
- ★
- ★
- ★

I'M GRATEFUL FOR:
- ♥
- ♥
- ♥
- ♥

Notes:

Most Inspiring Quote:

Al Muzhil (The Giver of Disgrace)

MUHARRAM 26th, 1443 (THURSDAY, SEPTEMBER 2nd, 2021)

TASKS:
- [ ] _____
- [ ] _____
- [ ] _____
- [ ] _____
- [ ] _____
- [ ] _____
- [ ] _____
- [ ] _____
- [ ] _____
- [ ] _____
- [ ] _____
- [ ] _____

GOALS:
★ _____
★ _____
★ _____
★ _____
★ _____
★ _____

I'M GRATEFUL FOR:
♥ _____
♥ _____
♥ _____
♥ _____

Notes:

Most Inspiring Quote:

As Samee (The All Hearing)

MUHARRAM 27th, 1443 (FRIDAY, SEPTEMBER 3rd, 2021)

TASKS:
- [ ]
- [ ]
- [ ]
- [ ]
- [ ]
- [ ]
- [ ]
- [ ]
- [ ]
- [ ]
- [ ]
- [ ]

GOALS:
- ★
- ★
- ★
- ★
- ★
- ★

I'M GRATEFUL FOR:
- ♥
- ♥
- ♥
- ♥

Notes:

Most Inspiring Quote:

Al Baseer (All Seeing)

MUHARRAM 28th, 1443 (SATURDAY, SEPTEMBER 4th, 2021)

TASKS:
- [ ]
- [ ]
- [ ]
- [ ]
- [ ]
- [ ]
- [ ]
- [ ]
- [ ]
- [ ]
- [ ]
- [ ]

GOALS:
- ★
- ★
- ★
- ★
- ★
- ★

I'M GRATEFUL FOR:
- ♥
- ♥
- ♥
- ♥

Notes:

Most Inspiring Quote:

Al Hakam (The Judge)

MUHARRAM 29th, 1443 (SUNDAY, SEPTEMBER 5th, 2021)

TASKS:	GOALS:
☐	★
☐	★
☐	★
☐	★
☐	★
☐	★
☐	
☐	**I'M GRATEFUL FOR:**
☐	♥
☐	♥
☐	♥
☐	♥

Notes:

Most Inspiring Quote:

Al Adlu (The Just)

MUHARRAM 30th, 1443 (MONDAY, SEPTEMBER 6th, 2021)

TASKS:
- [ ]
- [ ]
- [ ]
- [ ]
- [ ]
- [ ]
- [ ]
- [ ]
- [ ]
- [ ]
- [ ]
- [ ]

GOALS:
- ★
- ★
- ★
- ★
- ★
- ★

I'M GRATEFUL FOR:
- ♥
- ♥
- ♥
- ♥

Notes:

"Allah doesn't give everything for a reason. Yet, we expect mere humans around us to do that for us. No, meet all your expectations yourself." — Papatia Feauxzar

O Allah, bring this month of Safar upon us with security, iman, safety, Islam, your pleasure and protection from shaytan.

Ar Rafeeq (The Gentle)

SAFAR 1ˢᵗ, 1443 (TUESDAY, SEPTEMBER 7ᵗʰ, 2021)

TASKS:
- ☐ _____
- ☐ _____
- ☐ _____
- ☐ _____
- ☐ _____
- ☐ _____
- ☐ _____
- ☐ _____
- ☐ _____
- ☐ _____
- ☐ _____
- ☐ _____

GOALS:
- ★ _____
- ★ _____
- ★ _____
- ★ _____
- ★ _____
- ★ _____

I'M GRATEFUL FOR:
- ♥ _____
- ♥ _____
- ♥ _____
- ♥ _____

Notes:

"Stop competing. Look at a bookshelf or a library. Its beauty comes from its diverse repertoire. You don't only see books written all by the same author." — Fofky

Al Lateef (The Gentle)

SAFAR 2nd, 1443 (WEDNESDAY, SEPTEMBER 8th, 2021)

TASKS:
- ☐ _____
- ☐ _____
- ☐ _____
- ☐ _____
- ☐ _____
- ☐ _____
- ☐ _____
- ☐ _____
- ☐ _____
- ☐ _____
- ☐ _____
- ☐ _____

GOALS:
- ★ _____
- ★ _____
- ★ _____
- ★ _____
- ★ _____

I'M GRATEFUL FOR:
- ♥ _____
- ♥ _____
- ♥ _____
- ♥ _____

Notes:

Most Inspiring Quote:

Al Khabeer (The All Aware)

SAFAR 3rd, 1443 (THURSDAY, SEPTEMBER 9th, 2021)

TASKS:
- [ ] _____
- [ ] _____
- [ ] _____
- [ ] _____
- [ ] _____
- [ ] _____
- [ ] _____
- [ ] _____
- [ ] _____
- [ ] _____
- [ ] _____
- [ ] _____

GOALS:
- ★ _____
- ★ _____
- ★ _____
- ★ _____
- ★ _____

I'M GRATEFUL FOR:
- ♥ _____
- ♥ _____
- ♥ _____
- ♥ _____

Notes:

Most Inspiring Quote:

Al Haleem (The Indulgent)

SAFAR 4th,1443 (FRIDAY, SEPTEMBER 10th, 2021)

TASKS:
- ☐ _____
- ☐ _____
- ☐ _____
- ☐ _____
- ☐ _____
- ☐ _____
- ☐ _____
- ☐ _____
- ☐ _____
- ☐ _____
- ☐ _____
- ☐ _____

GOALS:
- ★ _____
- ★ _____
- ★ _____
- ★ _____
- ★ _____
- ★ _____

I'M GRATEFUL FOR:
- ♥ _____
- ♥ _____
- ♥ _____
- ♥ _____

Notes:

Most Inspiring Quote:

Al Azheem (The Great)

SAFAR 5th, 1443 (SATURDAY, SEPTEMBER 11th, 2021)

TASKS:
- [ ]
- [ ]
- [ ]
- [ ]
- [ ]
- [ ]
- [ ]
- [ ]
- [ ]
- [ ]
- [ ]
- [ ]

GOALS:
- ★
- ★
- ★
- ★
- ★
- ★

I'M GRATEFUL FOR:
- ♥
- ♥
- ♥
- ♥

Notes:

Most Inspiring Quote:

Al Ghafoor (The All Forgiving)

SAFAR 6th, 1443 (SUNDAY, SEPTEMBER 12th, 2021)

TASKS:	GOALS:
☐	★
☐	★
☐	★
☐	★
☐	★
☐	★
☐	
☐	**I'M GRATEFUL FOR:**
☐	♥
☐	♥
☐	♥
☐	♥

Notes:

Most Inspiring Quote:

Ash Shakoor (The Grateful)

SAFAR 7th, 1443 (MONDAY, SEPTEMBER 13th, 2021)

TASKS:	GOALS:
☐	★
☐	★
☐	★
☐	★
☐	★
☐	★
☐	
☐	**I'M GRATEFUL FOR:**
☐	♥
☐	♥
☐	♥
☐	♥

Notes:

Most Inspiring Quote:

Al Aliyy (The Most High)

SAFAR 8th, 1443 (TUESDAY, SEPTEMBER 14th, 2021)

TASKS:	GOALS:
☐	★
☐	★
☐	★
☐	★
☐	★
☐	★
☐	
☐	**I'M GRATEFUL FOR:**
☐	♥
☐	♥
☐	♥
☐	♥

Notes:

Most Inspiring Quote:

Al Kabeer (The Most Great)

SAFAR 9th, 1443 (WEDNESDAY, SEPTEMBER 15th, 2021)

TASKS:
- ☐
- ☐
- ☐
- ☐
- ☐
- ☐
- ☐
- ☐
- ☐
- ☐
- ☐
- ☐

GOALS:
- ★
- ★
- ★
- ★
- ★
- ★

I'M GRATEFUL FOR:
- ♥
- ♥
- ♥
- ♥

Notes:

Most Inspiring Quote:

Al Hafeez (The Preserver)

SAFAR 10th,1443 (THURSDAY, SEPTEMBER 16th, 2021)

TASKS:
- [ ]
- [ ]
- [ ]
- [ ]
- [ ]
- [ ]
- [ ]
- [ ]
- [ ]
- [ ]
- [ ]
- [ ]

GOALS:
- ★
- ★
- ★
- ★
- ★

I'M GRATEFUL FOR:
- ♥
- ♥
- ♥
- ♥

Notes:

Most Inspiring Quote:

Al Muqeet (The Nourisher)

SAFAR 11th, 1443 (FRIDAY, SEPTEMBER 17th, 2021)

TASKS:
- [ ]
- [ ]
- [ ]
- [ ]
- [ ]
- [ ]
- [ ]
- [ ]
- [ ]
- [ ]
- [ ]
- [ ]

GOALS:
★
★
★
★
★
★

I'M GRATEFUL FOR:
♥
♥
♥
♥

Notes:

Most Inspiring Quote:

Al Haseeb (The Accountant)

SAFAR 12th, 1443 (SATURDAY, SEPTEMBER 18th, 2021)

TASKS:
- [ ]
- [ ]
- [ ]
- [ ]
- [ ]
- [ ]
- [ ]
- [ ]
- [ ]
- [ ]
- [ ]
- [ ]

GOALS:
- ★
- ★
- ★
- ★
- ★
- ★

I'M GRATEFUL FOR:
- ♥
- ♥
- ♥
- ♥

Notes:

Most Inspiring Quote:

Al Jaleel (The Most High)

SAFAR 13th, 1443 (SUNDAY, SEPTEMBER 19th, 2021)

TASKS:
- [ ]
- [ ]
- [ ]
- [ ]
- [ ]
- [ ]
- [ ]
- [ ]
- [ ]
- [ ]
- [ ]
- [ ]

GOALS:
- ★
- ★
- ★
- ★
- ★
- ★

I'M GRATEFUL FOR:
- ♥
- ♥
- ♥
- ♥

Notes:

Most Inspiring Quote:

Al Kareem (The Generous)

SAFAR 14th, 1443 (MONDAY, SEPTEMBER 20th, 2021)

TASKS:	GOALS:
☐	★
☐	★
☐	★
☐	★
☐	★
☐	★
☐	
☐	**I'M GRATEFUL FOR:**
☐	♥
☐	♥
☐	♥
☐	♥

Notes:

Most Inspiring Quote:

Al Raqeeb (The Watchful)

SAFAR 15th, 1443 (TUESDAY, SEPTEMBER 21st, 2021)

TASKS:
- [ ]
- [ ]
- [ ]
- [ ]
- [ ]
- [ ]
- [ ]
- [ ]
- [ ]
- [ ]
- [ ]
- [ ]

GOALS:
- ★
- ★
- ★
- ★
- ★
- ★

I'M GRATEFUL FOR:
- ♥
- ♥
- ♥
- ♥

Notes:

Most Inspiring Quote:

Al Mujeeb (The Responsive)

SAFAR 16th, 1443 (WEDNESDAY, SEPTEMBER 22nd, 2021)

TASKS:
- [ ]
- [ ]
- [ ]
- [ ]
- [ ]
- [ ]
- [ ]
- [ ]
- [ ]
- [ ]
- [ ]
- [ ]

GOALS:
- ★
- ★
- ★
- ★
- ★
- ★

I'M GRATEFUL FOR:
- ♥
- ♥
- ♥
- ♥

Notes:

Most Inspiring Quote:

Al Waasi (The All Encompassing)

SAFAR 17th, 1443 (THURSDAY, SEPTEMBER 23rd, 2021)

TASKS:
- [ ]
- [ ]
- [ ]
- [ ]
- [ ]
- [ ]
- [ ]
- [ ]
- [ ]
- [ ]
- [ ]
- [ ]

GOALS:
- ★
- ★
- ★
- ★
- ★
- ★

I'M GRATEFUL FOR:
- ♥
- ♥
- ♥
- ♥

Notes:

Most Inspiring Quote:

Al Hakeem (The All Wise)

SAFAR 18th, 1443 (FRIDAY, SEPTEMBER 24th, 2021)

TASKS:
- [ ]
- [ ]
- [ ]
- [ ]
- [ ]
- [ ]
- [ ]
- [ ]
- [ ]
- [ ]
- [ ]
- [ ]

GOALS:
- ★
- ★
- ★
- ★
- ★
- ★

I'M GRATEFUL FOR:
- ♥
- ♥
- ♥
- ♥

Notes:

Most Inspiring Quote:

Al Wadood (The Loving)

SAFAR 19th, 1443 (SATURDAY, SEPTEMBER 25th, 2021)

TASKS:
- [ ]
- [ ]
- [ ]
- [ ]
- [ ]
- [ ]
- [ ]
- [ ]
- [ ]
- [ ]
- [ ]
- [ ]

GOALS:
- ★
- ★
- ★
- ★
- ★

I'M GRATEFUL FOR:
- ♥
- ♥
- ♥
- ♥

Notes:

Most Inspiring Quote:

Al Majeed (The All Glorious)

SAFAR 20th, 1443 (SUNDAY, SEPTEMBER 26th, 2021)

TASKS:
- [ ]
- [ ]
- [ ]
- [ ]
- [ ]
- [ ]
- [ ]
- [ ]
- [ ]
- [ ]
- [ ]
- [ ]

GOALS:
- ★
- ★
- ★
- ★
- ★
- ★

I'M GRATEFUL FOR:
- ♥
- ♥
- ♥
- ♥

Notes:

Most Inspiring Quote:

Al Baaith (The Restorer of Life)

SAFAR 21ˢᵗ, 1443 (MONDAY, SEPTEMBER 27ᵗʰ, 2021)

TASKS:
- ☐
- ☐
- ☐
- ☐
- ☐
- ☐
- ☐
- ☐
- ☐
- ☐
- ☐
- ☐

GOALS:
- ★
- ★
- ★
- ★
- ★
- ★

I'M GRATEFUL FOR:
- ♥
- ♥
- ♥
- ♥

Notes:

Most Inspiring Quote:

Ash Shaheed (The Witness)

SAFAR 22nd, 1443 (TUESDAY, SEPTEMBER 28th, 2021)

TASKS:	GOALS:
☐	★
☐	★
☐	★
☐	★
☐	★
☐	★
☐	
☐	**I'M GRATEFUL FOR:**
☐	♥
☐	♥
☐	♥
☐	♥

Notes:

Most Inspiring Quote:

Al Haqq (The Truth)

SAFAR 23rd, 1443 (WEDNESDAY, SEPTEMBER 29th, 2021)

TASKS:
- [ ]
- [ ]
- [ ]
- [ ]
- [ ]
- [ ]
- [ ]
- [ ]
- [ ]
- [ ]
- [ ]
- [ ]

GOALS:
- ★
- ★
- ★
- ★
- ★
- ★

I'M GRATEFUL FOR:
- ♥
- ♥
- ♥
- ♥

Notes:

Most Inspiring Quote:

Al Wakeel (The Trustee)

SAFAR 24th, 1443 (THURSDAY, SEPTEMBER 30th, 2021)

TASKS:	GOALS:
☐	★
☐	★
☐	★
☐	★
☐	★
☐	★
☐	
☐	**I'M GRATEFUL FOR:**
☐	♥
☐	♥
☐	♥
☐	♥

Notes:

Most Inspiring Quote:

Al Qawiyy (The Most Strong)

SAFAR 25th, 1443 (FRIDAY, OCTOBER 1st, 2021)

TASKS:
- ☐ _____
- ☐ _____
- ☐ _____
- ☐ _____
- ☐ _____
- ☐ _____
- ☐ _____
- ☐ _____
- ☐ _____
- ☐ _____
- ☐ _____
- ☐ _____

GOALS:
- ★ _____
- ★ _____
- ★ _____
- ★ _____
- ★ _____
- ★ _____

I'M GRATEFUL FOR:
- ♥ _____
- ♥ _____
- ♥ _____
- ♥ _____

Notes:

Most Inspiring Quote:

Al Mateen (The Firm)

SAFAR 26th, 1443 (SATURDAY, OCTOBER 2nd, 2021)

TASKS:
- [ ]
- [ ]
- [ ]
- [ ]
- [ ]
- [ ]
- [ ]
- [ ]
- [ ]
- [ ]
- [ ]
- [ ]

GOALS:
★
★
★
★
★
★

I'M GRATEFUL FOR:
♥
♥
♥
♥

Notes:

Most Inspiring Quote:

Al Waliyy (The Protecting Friend)

SAFAR 27th, 1443 (SUNDAY, OCTOBER 3rd, 2021)

TASKS:
- [ ]
- [ ]
- [ ]
- [ ]
- [ ]
- [ ]
- [ ]
- [ ]
- [ ]
- [ ]
- [ ]
- [ ]

GOALS:
- ★
- ★
- ★
- ★
- ★
- ★

I'M GRATEFUL FOR:
- ♥
- ♥
- ♥
- ♥

Notes:

Most Inspiring Quote:

Al Hameed (The All Praiseworthy)

SAFAR 28th, 1443 (MONDAY, OCTOBER 4th, 2021)

TASKS:
- [ ]
- [ ]
- [ ]
- [ ]
- [ ]
- [ ]
- [ ]
- [ ]
- [ ]
- [ ]
- [ ]
- [ ]

GOALS:
- ★
- ★
- ★
- ★
- ★
- ★

I'M GRATEFUL FOR:
- ♥
- ♥
- ♥
- ♥

Notes:

Most Inspiring Quote:

Al Mushee (The Assessor)

SAFAR 29th, 1443 (TUESDAY, OCTOBER 5th, 2021)

TASKS:
- [ ]
- [ ]
- [ ]
- [ ]
- [ ]
- [ ]
- [ ]
- [ ]
- [ ]
- [ ]
- [ ]
- [ ]

GOALS:
- ★
- ★
- ★
- ★
- ★

I'M GRATEFUL FOR:
- ♥
- ♥
- ♥
- ♥

Notes:

"Give to some people before they ask, and they will make you regret it."— Papatia Feauxzar

O Allah, bring this month of Rabi-I upon us with security, iman, safety, Islam, your pleasure and protection from shaytan.

Al Mubdi (The Originator of All)

RABI AL-AWWAL 1st, 1443 (WEDNESDAY, OCTOBER 6th, 2021)

TASKS:	GOALS:
☐ _____	★ _____
☐ _____	★ _____
☐ _____	★ _____
☐ _____	★ _____
☐ _____	★ _____
☐ _____	★ _____
☐ _____	
☐ _____	**I'M GRATEFUL FOR:**
☐ _____	♥ _____
☐ _____	♥ _____
☐ _____	♥ _____
☐ _____	♥ _____

Notes:

"Have an eye for opportunities that will never present themselves again and seize them." — Fofky

Al Mueed (The Restorer)

RABI AL-AWWAL 2nd, 1443 (THURSDAY, OCTOBER 7th, 2021)

TASKS:
- [ ]
- [ ]
- [ ]
- [ ]
- [ ]
- [ ]
- [ ]
- [ ]
- [ ]
- [ ]
- [ ]
- [ ]

GOALS:
- ★
- ★
- ★
- ★
- ★

I'M GRATEFUL FOR:
- ♥
- ♥
- ♥
- ♥

Notes:

Most Inspiring Quote:

Al Muhyi (The Giver of Life)

RABI AL-AWWAL 3rd, 1443 (FRIDAY, OCTOBER 8th, 2021)

TASKS:
- [ ]
- [ ]
- [ ]
- [ ]
- [ ]
- [ ]
- [ ]
- [ ]
- [ ]
- [ ]
- [ ]
- [ ]

GOALS:
- ★
- ★
- ★
- ★
- ★
- ★

I'M GRATEFUL FOR:
- ♥
- ♥
- ♥
- ♥

Notes:

Most Inspiring Quote:

Al Mumeet (The Giver of Death)

RABI AL-AWWAL 4th, 1443 (SATURDAY, OCTOBER 9th, 2021)

TASKS:
- [ ]
- [ ]
- [ ]
- [ ]
- [ ]
- [ ]
- [ ]
- [ ]
- [ ]
- [ ]
- [ ]
- [ ]

GOALS:
- ★
- ★
- ★
- ★
- ★
- ★

I'M GRATEFUL FOR:
- ♥
- ♥
- ♥
- ♥

Notes:

Most Inspiring Quote:

Al Hayy (The Ever Living)

RABI AL-AWWAL 5th, 1443 (SUNDAY, OCTOBER 10th, 2021)

TASKS:
- [ ]
- [ ]
- [ ]
- [ ]
- [ ]
- [ ]
- [ ]
- [ ]
- [ ]
- [ ]
- [ ]
- [ ]

GOALS:
- ★
- ★
- ★
- ★
- ★
- ★

I'M GRATEFUL FOR:
- ♥
- ♥
- ♥
- ♥

Notes:

Most Inspiring Quote:

Al Qayyoom (The Self Sustaining)

RABI AL-AWWAL 6th, 1443 (MONDAY, OCTOBER 11th, 2021)

TASKS:
- ☐
- ☐
- ☐
- ☐
- ☐
- ☐
- ☐
- ☐
- ☐
- ☐
- ☐
- ☐

GOALS:
- ★
- ★
- ★
- ★
- ★
- ★

I'M GRATEFUL FOR:
- ♥
- ♥
- ♥
- ♥

Notes:

Most Inspiring Quote:

Al Waajid (The Finder)

RABI AL-AWWAL 7th,1443 (TUESDAY, OCTOBER 12th, 2021)

TASKS:
- [ ]
- [ ]
- [ ]
- [ ]
- [ ]
- [ ]
- [ ]
- [ ]
- [ ]
- [ ]
- [ ]
- [ ]

GOALS:
- ★
- ★
- ★
- ★
- ★
- ★

I'M GRATEFUL FOR:
- ♥
- ♥
- ♥
- ♥

Notes:

Most Inspiring Quote:

Al Maajid (The Illustrious)

RABI AL-AWWAL 8th, 1443 (WEDNESDAY, OCTOBER 13th, 2021)

TASKS:		GOALS:
☐		★
☐		★
☐		★
☐		★
☐		★
☐		★
☐		
☐		**I'M GRATEFUL FOR:**
☐		♥
☐		♥
☐		♥
☐		♥

Notes:

Most Inspiring Quote:

Al Wahid (The One and Unique)

RABI AL-AWWAL 9th, 1443 (THURSDAY, OCTOBER 14th, 2021)

TASKS:
- [ ]
- [ ]
- [ ]
- [ ]
- [ ]
- [ ]
- [ ]
- [ ]
- [ ]
- [ ]
- [ ]
- [ ]

GOALS:
- ★
- ★
- ★
- ★
- ★
- ★

I'M GRATEFUL FOR:
- ♥
- ♥
- ♥
- ♥

Notes:

Most Inspiring Quote:

Al Ahad (The One and All Inclusive)

RABI AL-AWWAL 10th, 1443 (FRIDAY, OCTOBER 15th, 2021)

TASKS:		GOALS:	
☐		★	
☐		★	
☐		★	
☐		★	
☐		★	
☐		★	
☐			
☐		**I'M GRATEFUL FOR:**	
☐		♥	
☐		♥	
☐		♥	
☐		♥	

Notes:

Most Inspiring Quote:

As Samad (The Ever Lasting and Self Sufficient)

RABI AL-AWWAL 11th, 1443 (SATURDAY, OCTOBER 16th, 2021)

TASKS:
- ☐ _____
- ☐ _____
- ☐ _____
- ☐ _____
- ☐ _____
- ☐ _____
- ☐ _____
- ☐ _____
- ☐ _____
- ☐ _____
- ☐ _____

GOALS:
- ★ _____
- ★ _____
- ★ _____
- ★ _____
- ★ _____
- ★ _____

I'M GRATEFUL FOR:
- ♥ _____
- ♥ _____
- ♥ _____
- ♥ _____

Event: Mawlid

Notes:

Most Inspiring Quote:

Al Qaadir (The Fully Able One)

RABI AL-AWWAL 12th, 1443 (SUNDAY, OCTOBER 17th, 2021)

TASKS:
- [ ]
- [ ]
- [ ]
- [ ]
- [ ]
- [ ]
- [ ]
- [ ]
- [ ]
- [ ]
- [ ]
- [ ]

GOALS:
- ★
- ★
- ★
- ★
- ★
- ★

I'M GRATEFUL FOR:
- ♥
- ♥
- ♥
- ♥

Event: Mawlid

Notes:

Most Inspiring Quote:

Al Muqtadir (The Omnipotent)

RABI AL-AWWAL 13th, 1443 (MONDAY, OCTOBER 18th, 2021)

TASKS:
- [ ] _____
- [ ] _____
- [ ] _____
- [ ] _____
- [ ] _____
- [ ] _____
- [ ] _____
- [ ] _____
- [ ] _____
- [ ] _____
- [ ] _____
- [ ] _____

GOALS:
- ★ _____
- ★ _____
- ★ _____
- ★ _____
- ★ _____
- ★ _____

I'M GRATEFUL FOR:
- ♥ _____
- ♥ _____
- ♥ _____
- ♥ _____

Event: Mawlid

Notes:

Most Inspiring Quote:

Al Muqaddim (The One Who Advances or Defers)

RABI AL-AWWAL 14th, 1443 (TUESDAY, OCTOBER 19th, 2021)

TASKS:
- ☐ _____
- ☐ _____
- ☐ _____
- ☐ _____
- ☐ _____
- ☐ _____
- ☐ _____
- ☐ _____
- ☐ _____
- ☐ _____
- ☐ _____
- ☐ _____

GOALS:
- ★ _____
- ★ _____
- ★ _____
- ★ _____
- ★ _____
- ★ _____

I'M GRATEFUL FOR:
- ♥ _____
- ♥ _____
- ♥ _____
- ♥ _____

Notes:

Most Inspiring Quote:

Al Muakhkhir (The Delayer)

RABI AL-AWWAL 15th, 1443 (WEDNESDAY, OCTOBER 20th, 2021)

TASKS:
- [ ]
- [ ]
- [ ]
- [ ]
- [ ]
- [ ]
- [ ]
- [ ]
- [ ]
- [ ]
- [ ]
- [ ]

GOALS:
- ★
- ★
- ★
- ★
- ★
- ★

I'M GRATEFUL FOR:
- ♥
- ♥
- ♥
- ♥

Notes:

Most Inspiring Quote:

Al Awwal (The First)

RABI AL-AWWAL 16th, 1443 (THURSDAY, OCTOBER 21st, 2021)

TASKS:	GOALS:
☐	★
☐	★
☐	★
☐	★
☐	★
☐	★
☐	
☐	**I'M GRATEFUL FOR:**
☐	♥
☐	♥
☐	♥
☐	♥

Notes:

Most Inspiring Quote:

Al Aakhir (The Last)

RABI AL-AWWAL 17th, 1443 (FRIDAY, OCTOBER 22nd, 2021)

TASKS:
- ☐
- ☐
- ☐
- ☐
- ☐
- ☐
- ☐
- ☐
- ☐
- ☐
- ☐
- ☐

GOALS:
- ★
- ★
- ★
- ★
- ★
- ★

I'M GRATEFUL FOR:
- ♥
- ♥
- ♥
- ♥

Notes:

Most Inspiring Quote:

Az Zaahir (The All Victorious)

RABI AL-AWWAL 18th, 1443 (SATURDAY, OCTOBER 23rd, 2021)

TASKS:
- ☐ _____
- ☐ _____
- ☐ _____
- ☐ _____
- ☐ _____
- ☐ _____
- ☐ _____
- ☐ _____
- ☐ _____
- ☐ _____
- ☐ _____
- ☐ _____

GOALS:
- ★ _____
- ★ _____
- ★ _____
- ★ _____
- ★ _____
- ★ _____

I'M GRATEFUL FOR:
- ♥ _____
- ♥ _____
- ♥ _____
- ♥ _____

Notes:

Most Inspiring Quote:

Al Baatin (The Hidden and The Evident)

RABI AL-AWWAL 19th, 1443 (SUNDAY, OCTOBER 24th, 2021)

TASKS:
- [ ]
- [ ]
- [ ]
- [ ]
- [ ]
- [ ]
- [ ]
- [ ]
- [ ]
- [ ]
- [ ]
- [ ]

GOALS:
- ★
- ★
- ★
- ★
- ★
- ★

I'M GRATEFUL FOR:
- ♥
- ♥
- ♥
- ♥

Notes:

Most Inspiring Quote:

Al Waali (The Governor)

RABI AL-AWWAL 20th, 1443 (MONDAY, OCTOBER 25th, 2021)

TASKS:
- [ ]
- [ ]
- [ ]
- [ ]
- [ ]
- [ ]
- [ ]
- [ ]
- [ ]
- [ ]
- [ ]
- [ ]

GOALS:
- ★
- ★
- ★
- ★
- ★
- ★

I'M GRATEFUL FOR:
- ♥
- ♥
- ♥
- ♥

Notes:

Most Inspiring Quote:

Al Muta Aali (The Most Exalted)

RABI AL-AWWAL 21st, 1443 (TUESDAY, OCTOBER 26th, 2021)

TASKS:
- [ ]
- [ ]
- [ ]
- [ ]
- [ ]
- [ ]
- [ ]
- [ ]
- [ ]
- [ ]
- [ ]
- [ ]

GOALS:
- ★
- ★
- ★
- ★
- ★
- ★

I'M GRATEFUL FOR:
- ♥
- ♥
- ♥
- ♥

Notes:

Most Inspiring Quote:

Al Barr (The Most Kind)

RABI AL-AWWAL 22nd, 1443 (WEDNESDAY, OCTOBER 27th, 2021)

TASKS:	GOALS:
☐	★
☐	★
☐	★
☐	★
☐	★
☐	★
☐	
☐	**I'M GRATEFUL FOR:**
☐	♥
☐	♥
☐	♥
☐	♥

Notes:

Most Inspiring Quote:

At Tawwaab (The Ever Accepting)

RABI AL-AWWAL 23rd, 1443 (THURSDAY, OCTOBER 28th, 2021)

TASKS:
- [ ]
- [ ]
- [ ]
- [ ]
- [ ]
- [ ]
- [ ]
- [ ]
- [ ]
- [ ]
- [ ]
- [ ]

GOALS:
★
★
★
★
★
★

I'M GRATEFUL FOR:
♥
♥
♥
♥

Notes:

Most Inspiring Quote:

Al Muntaqim (The Avenger)

RABI AL-AWWAL 24th, 1443 (FRIDAY, OCTOBER 29th, 2021)

TASKS:
- [ ]
- [ ]
- [ ]
- [ ]
- [ ]
- [ ]
- [ ]
- [ ]
- [ ]
- [ ]
- [ ]
- [ ]

GOALS:
- ★
- ★
- ★
- ★
- ★

I'M GRATEFUL FOR:
- ♥
- ♥
- ♥
- ♥

Notes:

Most Inspiring Quote:

Al Afuww (The Forgiver)

RABI AL-AWWAL 25th, 1443 (SATURDAY, OCTOBER 30th, 2021)

TASKS:
- [ ]
- [ ]
- [ ]
- [ ]
- [ ]
- [ ]
- [ ]
- [ ]
- [ ]
- [ ]
- [ ]
- [ ]

GOALS:
- ★
- ★
- ★
- ★
- ★
- ★

I'M GRATEFUL FOR:
- ♥
- ♥
- ♥
- ♥

Notes:

Most Inspiring Quote:

Ar Raoof (The Compassionate)

RABI AL-AWWAL 26th, 1443 (SUNDAY, OCTOBER 31st, 2021)

TASKS:
- [ ]
- [ ]
- [ ]
- [ ]
- [ ]
- [ ]
- [ ]
- [ ]
- [ ]
- [ ]
- [ ]
- [ ]

GOALS:
- ★
- ★
- ★
- ★
- ★
- ★

I'M GRATEFUL FOR:
- ♥
- ♥
- ♥
- ♥

Notes:

Most Inspiring Quote:

Maalikul-Mulk (The Owner of All Sovereignty)

RABI AL-AWWAL 27th, 1443 (MONDAY, NOVEMBER 1st, 2021)

TASKS:
- [ ]
- [ ]
- [ ]
- [ ]
- [ ]
- [ ]
- [ ]
- [ ]
- [ ]
- [ ]
- [ ]
- [ ]

GOALS:
★
★
★
★
★

I'M GRATEFUL FOR:
♥
♥
♥
♥

Notes:

Most Inspiring Quote:

Dhul-Jalali Wal Ikraam (The Lord of Majesty)

RABI AL-AWWAL 28th, 1443 (TUESDAY, NOVEMBER 2nd, 2021)

TASKS:
- [ ]
- [ ]
- [ ]
- [ ]
- [ ]
- [ ]
- [ ]
- [ ]
- [ ]
- [ ]
- [ ]
- [ ]

GOALS:
- ★
- ★
- ★
- ★
- ★
- ★

I'M GRATEFUL FOR:
- ♥
- ♥
- ♥
- ♥

Notes:

Most Inspiring Quote:

Al Muqsit (The Most Equitable)

RABI AL-AWWAL 29th, 1443 (WEDNESDAY, NOVEMBER 3rd, 2021)

TASKS:
- [ ]
- [ ]
- [ ]
- [ ]
- [ ]
- [ ]
- [ ]
- [ ]
- [ ]
- [ ]
- [ ]
- [ ]

GOALS:
- ★
- ★
- ★
- ★
- ★
- ★

I'M GRATEFUL FOR:
- ♥
- ♥
- ♥
- ♥

Notes:

Most Inspiring Quote:

Al Jaami (The Gatherer)

RABI AL-AWWAL 30th, 1443 (THURSDAY, NOVEMBER 4th, 2021)

TASKS:
- ☐ _____
- ☐ _____
- ☐ _____
- ☐ _____
- ☐ _____
- ☐ _____
- ☐ _____
- ☐ _____
- ☐ _____
- ☐ _____
- ☐ _____
- ☐ _____

GOALS:
- ★ _____
- ★ _____
- ★ _____
- ★ _____
- ★ _____
- ★ _____

I'M GRATEFUL FOR:
- ♥ _____
- ♥ _____
- ♥ _____
- ♥ _____

Notes:

"Patriarchs. Slowing women down since forever." — Papatia Feauxzar

O Allah, bring this month of Rabi-II upon us with security, iman, safety, Islam, your pleasure and protection from shaytan.

Al Ghaniyy (The Independent)

RABI AL-AKHIR 1st, 1443 (FRIDAY, NOVEMBER 5th, 2021)

TASKS:
- ☐
- ☐
- ☐
- ☐
- ☐
- ☐
- ☐
- ☐
- ☐
- ☐
- ☐
- ☐

GOALS:
- ★
- ★
- ★
- ★
- ★
- ★

I'M GRATEFUL FOR:
- ♥
- ♥
- ♥
- ♥

Notes:

"Be an hoardtist. It's a person in between an artist and a hoarder." — Papatia Feauxzar

Al Mughnee (The Enricher)

RABI AL-AKHIR 2nd, 1443 (SATURDAY, NOVEMBER 6th, 2021)

TASKS:
- [ ]
- [ ]
- [ ]
- [ ]
- [ ]
- [ ]
- [ ]
- [ ]
- [ ]
- [ ]
- [ ]
- [ ]

GOALS:
- ★
- ★
- ★
- ★
- ★

I'M GRATEFUL FOR:
- ♥
- ♥
- ♥
- ♥

Notes:

Most Inspiring Quote:

Al Maani (The One Who Prevents)

RABI AL-AKHIR 3rd, 1443 (SUNDAY, NOVEMBER 7th, 2021)

TASKS:
- [ ]
- [ ]
- [ ]
- [ ]
- [ ]
- [ ]
- [ ]
- [ ]
- [ ]
- [ ]
- [ ]
- [ ]

GOALS:
- ★
- ★
- ★
- ★
- ★
- ★

I'M GRATEFUL FOR:
- ♥
- ♥
- ♥
- ♥

Notes:

Most Inspiring Quote:

Ad Daar (He Who Allows Distress to Afflict)

RABI AL-AKHIR 4th,1443 (MONDAY, NOVEMBER 8th, 2021)

TASKS:
- ☐ _____
- ☐ _____
- ☐ _____
- ☐ _____
- ☐ _____
- ☐ _____
- ☐ _____
- ☐ _____
- ☐ _____
- ☐ _____
- ☐ _____
- ☐ _____

GOALS:
- ★ _____
- ★ _____
- ★ _____
- ★ _____
- ★ _____
- ★ _____

I'M GRATEFUL FOR:
- ♥ _____
- ♥ _____
- ♥ _____
- ♥ _____

Notes:

Most Inspiring Quote:

An Naafi (The Benefactor)

RABI AL-AKHIR 5th,1443 (TUESDAY, NOVEMBER 9th, 2021)

TASKS:
- [ ]
- [ ]
- [ ]
- [ ]
- [ ]
- [ ]
- [ ]
- [ ]
- [ ]
- [ ]
- [ ]
- [ ]

GOALS:
★
★
★
★
★
★

I'M GRATEFUL FOR:
♥
♥
♥
♥

Notes:

Most Inspiring Quote:

An Noor (The Light)

RABI AL-AKHIR 6th, 1443 (WEDNESDAY, NOVEMBER 10th, 2021)

TASKS:
- [ ]
- [ ]
- [ ]
- [ ]
- [ ]
- [ ]
- [ ]
- [ ]
- [ ]
- [ ]
- [ ]
- [ ]

GOALS:
- ★
- ★
- ★
- ★
- ★
- ★

I'M GRATEFUL FOR:
- ♥
- ♥
- ♥
- ♥

Notes:

Most Inspiring Quote:

Al Haadi (He Who Guides)

RABI AL-AKHIR 7th, 1443 (THURSDAY, NOVEMBER 11th, 2021)

TASKS:
- [ ] _____
- [ ] _____
- [ ] _____
- [ ] _____
- [ ] _____
- [ ] _____
- [ ] _____
- [ ] _____
- [ ] _____
- [ ] _____
- [ ] _____
- [ ] _____

GOALS:
★ _____
★ _____
★ _____
★ _____
★ _____
★ _____

I'M GRATEFUL FOR:
♥ _____
♥ _____
♥ _____
♥ _____

Notes:

Most Inspiring Quote:

Al Badee (The Incomparable)

RABI AL-AKHIR 8th, 1443 (FRIDAY, NOVEMBER 12th, 2021)

TASKS:
- [ ]
- [ ]
- [ ]
- [ ]
- [ ]
- [ ]
- [ ]
- [ ]
- [ ]
- [ ]
- [ ]
- [ ]

GOALS:
- ★
- ★
- ★
- ★
- ★
- ★

I'M GRATEFUL FOR:
- ♥
- ♥
- ♥
- ♥

Notes:

Most Inspiring Quote:

Al Baaqi (The Ever Lasting)

RABI AL-AKHIR 9th, 1443 (SATURDAY, NOVEMBER 13th, 2021)

TASKS:
- [ ]
- [ ]
- [ ]
- [ ]
- [ ]
- [ ]
- [ ]
- [ ]
- [ ]
- [ ]
- [ ]
- [ ]

GOALS:
- ★
- ★
- ★
- ★
- ★
- ★

I'M GRATEFUL FOR:
- ♥
- ♥
- ♥
- ♥

Notes:

Most Inspiring Quote:

Al Waarith (The Inheritor of All)

RABI AL-AKHIR 10th, 1443 (SUNDAY, NOVEMBER 14th, 2021)

TASKS:

GOALS:

I'M GRATEFUL FOR:

Notes:

Most Inspiring Quote:

Ar Rasheed (The Guide to the Right Path)

RABI AL-AKHIR 11th,1443 (MONDAY, NOVEMBER 15th, 2021)

TASKS:	**GOALS:**
☐	★
☐	★
☐	★
☐	★
☐	★
☐	★
☐	
☐	**I'M GRATEFUL FOR:**
☐	♥
☐	♥
☐	♥
☐	♥

Notes:

Most Inspiring Quote:

As Saboor (The Patient)

RABI AL-AKHIR 12th, 1443 (TUESDAY, NOVEMBER 16th, 2021)

TASKS:
- [ ]
- [ ]
- [ ]
- [ ]
- [ ]
- [ ]
- [ ]
- [ ]
- [ ]
- [ ]
- [ ]
- [ ]

GOALS:
- ★
- ★
- ★
- ★
- ★

I'M GRATEFUL FOR:
- ♥
- ♥
- ♥
- ♥

Notes:

Most Inspiring Quote:

Name of Allah to Reflect On:

RABI AL-AKHIR 13th, 1443 (WEDNESDAY, NOVEMBER 17th, 2021)

TASKS:
- [ ]
- [ ]
- [ ]
- [ ]
- [ ]
- [ ]
- [ ]
- [ ]
- [ ]
- [ ]
- [ ]
- [ ]

GOALS:
- ★
- ★
- ★
- ★
- ★

I'M GRATEFUL FOR:
- ♥
- ♥
- ♥
- ♥

Notes:

Most Inspiring Quote:

Name of Allah to Reflect On:

RABI AL-AKHIR 14th,1443 (THURSDAY, NOVEMBER 18th, 2021)

TASKS:
- [ ] _____
- [ ] _____
- [ ] _____
- [ ] _____
- [ ] _____
- [ ] _____
- [ ] _____
- [ ] _____
- [ ] _____
- [ ] _____
- [ ] _____
- [ ] _____

GOALS:
★ _____
★ _____
★ _____
★ _____
★ _____

I'M GRATEFUL FOR:
♥ _____
♥ _____
♥ _____
♥ _____

Notes:

Most Inspiring Quote:

Name of Allah to Reflect On:

RABI AL-AKHIR 15th, 1443 (FRIDAY, NOVEMBER 19th, 2021)

TASKS:
- [ ]
- [ ]
- [ ]
- [ ]
- [ ]
- [ ]
- [ ]
- [ ]
- [ ]
- [ ]
- [ ]
- [ ]

GOALS:
- ★
- ★
- ★
- ★
- ★
- ★

I'M GRATEFUL FOR:
- ♥
- ♥
- ♥
- ♥

Notes:

Most Inspiring Quote:

Name of Allah to Reflect On:

RABI AL-AKHIR 16th, 1443 (SATURDAY, NOVEMBER 20th, 2021)

TASKS:
- [ ] _____
- [ ] _____
- [ ] _____
- [ ] _____
- [ ] _____
- [ ] _____
- [ ] _____
- [ ] _____
- [ ] _____
- [ ] _____
- [ ] _____
- [ ] _____

GOALS:
★ _____
★ _____
★ _____
★ _____
★ _____
★ _____

I'M GRATEFUL FOR:
♥ _____
♥ _____
♥ _____
♥ _____

Notes:

Most Inspiring Quote:

Name of Allah to Reflect On:

RABI AL-AKHIR 17th, 1443 (SUNDAY, NOVEMBER 21st, 2021)

TASKS:
- [ ]
- [ ]
- [ ]
- [ ]
- [ ]
- [ ]
- [ ]
- [ ]
- [ ]
- [ ]
- [ ]
- [ ]

GOALS:
- ★
- ★
- ★
- ★
- ★

I'M GRATEFUL FOR:
- ♥
- ♥
- ♥
- ♥

Notes:

Most Inspiring Quote:

Name of Allah to Reflect On:

RABI AL-AKHIR 18th, 1443 (MONDAY, NOVEMBER 22nd, 2021)

TASKS:
- [ ] _____
- [ ] _____
- [ ] _____
- [ ] _____
- [ ] _____
- [ ] _____
- [ ] _____
- [ ] _____
- [ ] _____
- [ ] _____
- [ ] _____
- [ ] _____

GOALS:
★ _____
★ _____
★ _____
★ _____
★ _____
★ _____

I'M GRATEFUL FOR:
♥ _____
♥ _____
♥ _____
♥ _____

Notes:

Most Inspiring Quote:

Name of Allah to Reflect On:

RABI AL-AKHIR 19th, 1443 (TUESDAY, NOVEMBER 23rd, 2021)

TASKS:
- [ ]
- [ ]
- [ ]
- [ ]
- [ ]
- [ ]
- [ ]
- [ ]
- [ ]
- [ ]
- [ ]
- [ ]

GOALS:
★
★
★
★
★
★

I'M GRATEFUL FOR:
♥
♥
♥
♥

Notes:

Most Inspiring Quote:

Name of Allah to Reflect On:

RABI AL-AKHIR 20th, 1443 (WEDNESDAY, NOVEMBER 24th, 2021)

TASKS:
- ☐ _____
- ☐ _____
- ☐ _____
- ☐ _____
- ☐ _____
- ☐ _____
- ☐ _____
- ☐ _____
- ☐ _____
- ☐ _____
- ☐ _____
- ☐ _____

GOALS:
- ★ _____
- ★ _____
- ★ _____
- ★ _____
- ★ _____
- ★ _____

I'M GRATEFUL FOR:
- ♥ _____
- ♥ _____
- ♥ _____
- ♥ _____

Notes:

Most Inspiring Quote:

Name of Allah to Reflect On:

RABI AL-AKHIR 21st, 1443 (THURSDAY, NOVEMBER 25th, 2021)

TASKS:
- [ ]
- [ ]
- [ ]
- [ ]
- [ ]
- [ ]
- [ ]
- [ ]
- [ ]
- [ ]
- [ ]
- [ ]

GOALS:
★
★
★
★
★
★

I'M GRATEFUL FOR:
♥
♥
♥
♥

Notes:

Most Inspiring Quote:

Name of Allah to Reflect On:

RABI AL-AKHIR 22nd, 1443 (FRIDAY, NOVEMBER 26th, 2021)

TASKS:
- ☐
- ☐
- ☐
- ☐
- ☐
- ☐
- ☐
- ☐
- ☐
- ☐
- ☐
- ☐

GOALS:
- ★
- ★
- ★
- ★
- ★
- ★

I'M GRATEFUL FOR:
- ♥
- ♥
- ♥
- ♥

Notes:

Most Inspiring Quote:

Name of Allah to Reflect On:

RABI AL-AKHIR 23rd, 1443 (SATURDAY, NOVEMBER 27th, 2021)

TASKS:
- [ ] _____
- [ ] _____
- [ ] _____
- [ ] _____
- [ ] _____
- [ ] _____
- [ ] _____
- [ ] _____
- [ ] _____
- [ ] _____
- [ ] _____
- [ ] _____

GOALS:
- ★ _____
- ★ _____
- ★ _____
- ★ _____
- ★ _____
- ★ _____

I'M GRATEFUL FOR:
- ♥ _____
- ♥ _____
- ♥ _____
- ♥ _____

Notes:

Most Inspiring Quote:

Name of Allah to Reflect On:

RABI AL-AKHIR 24th, 1443 (SUNDAY, NOVEMBER 28th, 2021)

TASKS:
- ☐ _____
- ☐ _____
- ☐ _____
- ☐ _____
- ☐ _____
- ☐ _____
- ☐ _____
- ☐ _____
- ☐ _____
- ☐ _____
- ☐ _____
- ☐ _____

GOALS:
- ★ _____
- ★ _____
- ★ _____
- ★ _____
- ★ _____
- ★ _____

I'M GRATEFUL FOR:
- ♥ _____
- ♥ _____
- ♥ _____
- ♥ _____

Notes:

Most Inspiring Quote:

Name of Allah to Reflect On:

RABI AL-AKHIR 25th, 1443 (MONDAY, NOVEMBER 29th, 2021)

TASKS:
- [ ]
- [ ]
- [ ]
- [ ]
- [ ]
- [ ]
- [ ]
- [ ]
- [ ]
- [ ]
- [ ]
- [ ]

GOALS:
- ★
- ★
- ★
- ★
- ★

I'M GRATEFUL FOR:
- ♥
- ♥
- ♥
- ♥

Notes:

Most Inspiring Quote:

Name of Allah to Reflect On:

RABI AL-AKHIR 26th, 1443 (TUESDAY, NOVEMBER 30th, 2021)

TASKS:
- [ ]
- [ ]
- [ ]
- [ ]
- [ ]
- [ ]
- [ ]
- [ ]
- [ ]
- [ ]
- [ ]
- [ ]

GOALS:
★
★
★
★
★
★

I'M GRATEFUL FOR:
♥
♥
♥
♥

Notes:

Most Inspiring Quote:

Name of Allah to Reflect On:

RABI AL-AKHIR 27th, 1443 (WEDNESDAY, DECEMBER 1st, 2021)

TASKS:
- [ ]
- [ ]
- [ ]
- [ ]
- [ ]
- [ ]
- [ ]
- [ ]
- [ ]
- [ ]
- [ ]
- [ ]

GOALS:
★
★
★
★
★
★

I'M GRATEFUL FOR:
♥
♥
♥
♥

Notes:

Most Inspiring Quote:

Name of Allah to Reflect On:

RABI AL-AKHIR 28th, 1443 (THURSDAY, DECEMBER 2nd, 2021)

TASKS:
- [ ]
- [ ]
- [ ]
- [ ]
- [ ]
- [ ]
- [ ]
- [ ]
- [ ]
- [ ]
- [ ]
- [ ]

GOALS:
★
★
★
★
★

I'M GRATEFUL FOR:
♥
♥
♥
♥

Notes:

Most Inspiring Quote:

Name of Allah to Reflect On:

RABI AL-AKHIR 29th, 1443 (FRIDAY, DECEMBER 3rd, 2021)

TASKS:
- [ ]
- [ ]
- [ ]
- [ ]
- [ ]
- [ ]
- [ ]
- [ ]
- [ ]
- [ ]
- [ ]
- [ ]

GOALS:
- ★
- ★
- ★
- ★
- ★
- ★

I'M GRATEFUL FOR:
- ♥
- ♥
- ♥
- ♥

Notes:

"Shine when you aren't expected to; like the moon when it does sometimes during the daytime." —
Fofky

O Allah, bring this month of Jumada-I upon us with security, iman, safety, Islam, your pleasure and protection from shaytan.

Name of Allah to Reflect On:

JUMADA AL-ULA 1ˢᵗ, 1443 (SATURDAY, DECEMBER 4ᵗʰ, 2021)

TASKS:
- [ ]
- [ ]
- [ ]
- [ ]
- [ ]
- [ ]
- [ ]
- [ ]
- [ ]
- [ ]
- [ ]
- [ ]

GOALS:
- ★
- ★
- ★
- ★
- ★
- ★

I'M GRATEFUL FOR:
- ♥
- ♥
- ♥
- ♥

Notes:

"Do not grieve over people's words. Instead, let them witness your greatness." — Fofky

Name of Allah to Reflect On:

JUMADA AL-ULA 2nd, 1443 (SUNDAY, DECEMBER 5th, 2021)

TASKS:
- [ ] _____
- [ ] _____
- [ ] _____
- [ ] _____
- [ ] _____
- [ ] _____
- [ ] _____
- [ ] _____
- [ ] _____
- [ ] _____
- [ ] _____
- [ ] _____

GOALS:
- ★ _____
- ★ _____
- ★ _____
- ★ _____
- ★ _____
- ★ _____

I'M GRATEFUL FOR:
- ♥ _____
- ♥ _____
- ♥ _____
- ♥ _____

Notes:

Most Inspiring Quote:

Name of Allah to Reflect On:

JUMADA AL-ULA 3rd, 1443 (MONDAY, DECEMBER 6th, 2021)

TASKS:	GOALS:
☐	★
☐	★
☐	★
☐	★
☐	★
☐	★
☐	
☐	**I'M GRATEFUL FOR:**
☐	♥
☐	♥
☐	♥
☐	♥

Notes:

Most Inspiring Quote:

Name of Allah to Reflect On:

JUMADA AL-ULA 4th, 1443 (TUESDAY, DECEMBER 7th, 2021)

TASKS:
- ☐ _____
- ☐ _____
- ☐ _____
- ☐ _____
- ☐ _____
- ☐ _____
- ☐ _____
- ☐ _____
- ☐ _____
- ☐ _____
- ☐ _____
- ☐ _____

GOALS:
- ★ _____
- ★ _____
- ★ _____
- ★ _____
- ★ _____
- ★ _____

I'M GRATEFUL FOR:
- ♥ _____
- ♥ _____
- ♥ _____
- ♥ _____

Notes:

Most Inspiring Quote:

Name of Allah to Reflect On:

JUMADA AL-ULA 5th, 1443 (WEDNESDAY, DECEMBER 8th, 2021)

TASKS:
- [ ]
- [ ]
- [ ]
- [ ]
- [ ]
- [ ]
- [ ]
- [ ]
- [ ]
- [ ]
- [ ]
- [ ]

GOALS:
- ★
- ★
- ★
- ★
- ★
- ★

I'M GRATEFUL FOR:
- ♥
- ♥
- ♥
- ♥

Notes:

Most Inspiring Quote:

Name of Allah to Reflect On:

JUMADA AL-ULA 6th, 1443 (THURSDAY, DECEMBER 9th, 2021)

TASKS:
- [ ]
- [ ]
- [ ]
- [ ]
- [ ]
- [ ]
- [ ]
- [ ]
- [ ]
- [ ]
- [ ]
- [ ]

GOALS:
- ★
- ★
- ★
- ★
- ★
- ★

I'M GRATEFUL FOR:
- ♥
- ♥
- ♥
- ♥

Notes:

Most Inspiring Quote:

Name of Allah to Reflect On:

JUMADA AL-ULA 7th, 1443 (FRIDAY, DECEMBER 10th, 2021)

TASKS:
- [ ]
- [ ]
- [ ]
- [ ]
- [ ]
- [ ]
- [ ]
- [ ]
- [ ]
- [ ]
- [ ]
- [ ]

GOALS:
- ★
- ★
- ★
- ★
- ★

I'M GRATEFUL FOR:
- ♥
- ♥
- ♥
- ♥

Notes:

Most Inspiring Quote:

Name of Allah to Reflect On:

JUMADA AL-ULA 8th, 1443 (SATURDAY, DECEMBER 11th, 2021)

TASKS:
- ☐ _____
- ☐ _____
- ☐ _____
- ☐ _____
- ☐ _____
- ☐ _____
- ☐ _____
- ☐ _____
- ☐ _____
- ☐ _____
- ☐ _____
- ☐ _____

GOALS:
- ★ _____
- ★ _____
- ★ _____
- ★ _____
- ★ _____
- ★ _____

I'M GRATEFUL FOR:
- ♥ _____
- ♥ _____
- ♥ _____
- ♥ _____

Notes:

Most Inspiring Quote:

Name of Allah to Reflect On:

JUMADA AL-ULA 9th, 1443 (SUNDAY, DECEMBER 12th, 2021)

TASKS:
- [ ]
- [ ]
- [ ]
- [ ]
- [ ]
- [ ]
- [ ]
- [ ]
- [ ]
- [ ]
- [ ]
- [ ]

GOALS:
- ★
- ★
- ★
- ★
- ★
- ★

I'M GRATEFUL FOR:
- ♥
- ♥
- ♥
- ♥

Notes:

Most Inspiring Quote:

Name of Allah to Reflect On:

JUMADA AL-ULA 10th, 1443 (MONDAY, DECEMBER 13th, 2021)

TASKS:	GOALS:
☐	★
☐	★
☐	★
☐	★
☐	★
☐	★
☐	
☐	**I'M GRATEFUL FOR:**
☐	♥
☐	♥
☐	♥
☐	♥

Notes:

Most Inspiring Quote:

Name of Allah to Reflect On:

JUMADA AL-ULA 11th, 1443 (TUESDAY, DECEMBER 14th, 2021)

TASKS:
- [ ]
- [ ]
- [ ]
- [ ]
- [ ]
- [ ]
- [ ]
- [ ]
- [ ]
- [ ]
- [ ]
- [ ]

GOALS:
- ★
- ★
- ★
- ★
- ★
- ★

I'M GRATEFUL FOR:
- ♥
- ♥
- ♥
- ♥

Notes:

Most Inspiring Quote:

Name of Allah to Reflect On:

JUMADA AL-ULA 12th,1443 (WEDNESDAY, DECEMBER 15th, 2021)

TASKS:
- [ ]
- [ ]
- [ ]
- [ ]
- [ ]
- [ ]
- [ ]
- [ ]
- [ ]
- [ ]
- [ ]
- [ ]

GOALS:
★
★
★
★
★
★

I'M GRATEFUL FOR:
♥
♥
♥
♥

Notes:

Most Inspiring Quote:

Name of Allah to Reflect On:

JUMADA AL-ULA 13th, 1443 (THURSDAY, DECEMBER 16th, 2021)

TASKS:
- [ ]
- [ ]
- [ ]
- [ ]
- [ ]
- [ ]
- [ ]
- [ ]
- [ ]
- [ ]
- [ ]
- [ ]

GOALS:
★
★
★
★
★
★

I'M GRATEFUL FOR:
♥
♥
♥
♥

Notes:

Most Inspiring Quote:

Name of Allah to Reflect On:

JUMADA AL-ULA 14th, 1443 (FRIDAY, DECEMBER 17th, 2021)

TASKS:
- [ ] _____
- [ ] _____
- [ ] _____
- [ ] _____
- [ ] _____
- [ ] _____
- [ ] _____
- [ ] _____
- [ ] _____
- [ ] _____
- [ ] _____
- [ ] _____

GOALS:
★ _____
★ _____
★ _____
★ _____
★ _____
★ _____

I'M GRATEFUL FOR:
♥ _____
♥ _____
♥ _____
♥ _____

Notes:

Most Inspiring Quote:

Name of Allah to Reflect On:

JUMADA AL-ULA 15th, 1443 (SATURDAY, DECEMBER 18th, 2021)

TASKS:
- [ ]
- [ ]
- [ ]
- [ ]
- [ ]
- [ ]
- [ ]
- [ ]
- [ ]
- [ ]
- [ ]
- [ ]

GOALS:
- ★
- ★
- ★
- ★
- ★
- ★

I'M GRATEFUL FOR:
- ♥
- ♥
- ♥
- ♥

Notes:

Most Inspiring Quote:

Name of Allah to Reflect On:

JUMADA AL-ULA 16th, 1443 (SUNDAY, DECEMBER 19th, 2021)

TASKS:
- [ ]
- [ ]
- [ ]
- [ ]
- [ ]
- [ ]
- [ ]
- [ ]
- [ ]
- [ ]
- [ ]
- [ ]

GOALS:
- ★
- ★
- ★
- ★
- ★
- ★

I'M GRATEFUL FOR:
- ♥
- ♥
- ♥
- ♥

Notes:

Most Inspiring Quote:

Name of Allah to Reflect On:

JUMADA AL-ULA 17th, 1443 (MONDAY, DECEMBER 20th, 2021)

TASKS:
- [ ]
- [ ]
- [ ]
- [ ]
- [ ]
- [ ]
- [ ]
- [ ]
- [ ]
- [ ]
- [ ]
- [ ]

GOALS:
- ★
- ★
- ★
- ★
- ★

I'M GRATEFUL FOR:
- ♥
- ♥
- ♥
- ♥

Notes:

Most Inspiring Quote:

Name of Allah to Reflect On:

JUMADA AL-ULA 18th, 1443 (TUESDAY, DECEMBER 21st, 2021)

TASKS:
- [ ]
- [ ]
- [ ]
- [ ]
- [ ]
- [ ]
- [ ]
- [ ]
- [ ]
- [ ]
- [ ]
- [ ]

GOALS:
- ★
- ★
- ★
- ★
- ★
- ★

I'M GRATEFUL FOR:
- ♥
- ♥
- ♥
- ♥

Notes:

Most Inspiring Quote:

Name of Allah to Reflect On:

JUMADA AL-ULA 19th, 1443 (WEDNESDAY, DECEMBER 22nd, 2021)

TASKS:
- [ ]
- [ ]
- [ ]
- [ ]
- [ ]
- [ ]
- [ ]
- [ ]
- [ ]
- [ ]
- [ ]
- [ ]

GOALS:
- ★
- ★
- ★
- ★
- ★
- ★

I'M GRATEFUL FOR:
- ♥
- ♥
- ♥
- ♥

Notes:

Most Inspiring Quote:

Name of Allah to Reflect On:

JUMADA AL-ULA 20th, 1443 (THURSDAY, DECEMBER 23rd, 2021)

TASKS:
- [ ]
- [ ]
- [ ]
- [ ]
- [ ]
- [ ]
- [ ]
- [ ]
- [ ]
- [ ]
- [ ]
- [ ]

GOALS:
- ★
- ★
- ★
- ★
- ★
- ★

I'M GRATEFUL FOR:
- ♥
- ♥
- ♥
- ♥

Notes:

Most Inspiring Quote:

Name of Allah to Reflect On:

JUMADA AL-ULA 21st, 1443 (FRIDAY, DECEMBER 24th, 2021)

TASKS:
- [ ]
- [ ]
- [ ]
- [ ]
- [ ]
- [ ]
- [ ]
- [ ]
- [ ]
- [ ]
- [ ]
- [ ]

GOALS:
- ★
- ★
- ★
- ★
- ★
- ★

I'M GRATEFUL FOR:
- ♥
- ♥
- ♥
- ♥

Notes:

Most Inspiring Quote:

Name of Allah to Reflect On:

JUMADA AL-ULA 22nd, 1443 (SATURDAY, DECEMBER 25th, 2021)

TASKS:
- ☐ _____
- ☐ _____
- ☐ _____
- ☐ _____
- ☐ _____
- ☐ _____
- ☐ _____
- ☐ _____
- ☐ _____
- ☐ _____
- ☐ _____
- ☐ _____

GOALS:
- ★ _____
- ★ _____
- ★ _____
- ★ _____
- ★ _____
- ★ _____

I'M GRATEFUL FOR:
- ♥ _____
- ♥ _____
- ♥ _____
- ♥ _____

Notes:

Most Inspiring Quote:

Name of Allah to Reflect On:

JUMADA AL-ULA 23rd, 1443 (SUNDAY, DECEMBER 26th, 2021)

TASKS:
- [ ]
- [ ]
- [ ]
- [ ]
- [ ]
- [ ]
- [ ]
- [ ]
- [ ]
- [ ]
- [ ]
- [ ]

GOALS:
- ★
- ★
- ★
- ★
- ★
- ★

I'M GRATEFUL FOR:
- ♥
- ♥
- ♥
- ♥

Notes:

Most Inspiring Quote:

Name of Allah to Reflect On:

JUMADA AL-ULA 24th, 1443 (MONDAY, DECEMBER 27th, 2021)

TASKS:
- [ ]
- [ ]
- [ ]
- [ ]
- [ ]
- [ ]
- [ ]
- [ ]
- [ ]
- [ ]
- [ ]
- [ ]

GOALS:
- ★
- ★
- ★
- ★
- ★
- ★

I'M GRATEFUL FOR:
- ♥
- ♥
- ♥
- ♥

Notes:

Most Inspiring Quote:

Name of Allah to Reflect On:

JUMADA AL-ULA 25th, 1443 (TUESDAY, DECEMBER 28th, 2021)

TASKS:
- [ ]
- [ ]
- [ ]
- [ ]
- [ ]
- [ ]
- [ ]
- [ ]
- [ ]
- [ ]
- [ ]
- [ ]

GOALS:
- ★
- ★
- ★
- ★
- ★
- ★

I'M GRATEFUL FOR:
- ♥
- ♥
- ♥
- ♥

Notes:

Most Inspiring Quote:

Name of Allah to Reflect On:

JUMADA AL-ULA 26th,1443 (WEDNESDAY, DECEMBER 29th, 2021)

TASKS:
- [ ]
- [ ]
- [ ]
- [ ]
- [ ]
- [ ]
- [ ]
- [ ]
- [ ]
- [ ]
- [ ]
- [ ]

GOALS:
- ★
- ★
- ★
- ★
- ★

I'M GRATEFUL FOR:
- ♥
- ♥
- ♥
- ♥

Notes:

Most Inspiring Quote:

Name of Allah to Reflect On:

JUMADA AL-ULA 27th, 1443 (THURSDAY, DECEMBER 30th, 2021)

TASKS:
- [ ]
- [ ]
- [ ]
- [ ]
- [ ]
- [ ]
- [ ]
- [ ]
- [ ]
- [ ]
- [ ]
- [ ]

GOALS:
- ★
- ★
- ★
- ★
- ★

I'M GRATEFUL FOR:
- ♥
- ♥
- ♥
- ♥

Notes:

Most Inspiring Quote:

Name of Allah to Reflect On:

JUMADA AL-ULA 28th, 1443 (FRIDAY, DECEMBER 31st, 2021)

TASKS:
- [ ]
- [ ]
- [ ]
- [ ]
- [ ]
- [ ]
- [ ]
- [ ]
- [ ]
- [ ]
- [ ]
- [ ]

GOALS:
- ★
- ★
- ★
- ★
- ★
- ★

I'M GRATEFUL FOR:
- ♥
- ♥
- ♥
- ♥

Notes:

Most Inspiring Quote:

Name of Allah to Reflect On:

JUMADA AL-ULA 29th, 1443 (SATURDAY, JANUARY 1st, 2022)

TASKS:
- [ ]
- [ ]
- [ ]
- [ ]
- [ ]
- [ ]
- [ ]
- [ ]
- [ ]
- [ ]
- [ ]
- [ ]

GOALS:
★
★
★
★
★

I'M GRATEFUL FOR:
♥
♥
♥
♥

Notes:

Most Inspiring Quote:

Name of Allah to Reflect On:

JUMADA AL-ULA 30th, 1443 (SUNDAY, JANUARY 2nd, 2022)

TASKS:
- [ ]
- [ ]
- [ ]
- [ ]
- [ ]
- [ ]
- [ ]
- [ ]
- [ ]
- [ ]
- [ ]
- [ ]

GOALS:
- ★
- ★
- ★
- ★
- ★
- ★

I'M GRATEFUL FOR:
- ♥
- ♥
- ♥
- ♥

Notes:

"Blessings of peace, love, faith, etc. are gifts Believers give to other Believers. Masha'Allah." — Papatia Feauxzar

O Allah, bring this month of Jumada II upon us with security, iman, safety, Islam, your pleasure and protection from shaytan.

Name of Allah to Reflect On:

JUMADA AL-AKHIRAH 1st, 1443 (MONDAY, JANUARY 3rd, 2022)

TASKS:
- [ ]
- [ ]
- [ ]
- [ ]
- [ ]
- [ ]
- [ ]
- [ ]
- [ ]
- [ ]
- [ ]
- [ ]

GOALS:
- ★
- ★
- ★
- ★
- ★

I'M GRATEFUL FOR:
- ♥
- ♥
- ♥
- ♥

Notes:

"You become successful when the success of others doesn't bother you." — Papatia Feauxzar

Name of Allah to Reflect On:

JUMADA AL-AKHIRAH 2nd, 1443 (TUESDAY, JANUARY 4th, 2022)

TASKS:
- [ ]
- [ ]
- [ ]
- [ ]
- [ ]
- [ ]
- [ ]
- [ ]
- [ ]
- [ ]
- [ ]
- [ ]

GOALS:
- ★
- ★
- ★
- ★
- ★

I'M GRATEFUL FOR:
- ♥
- ♥
- ♥
- ♥

Notes:

Most Inspiring Quote:

Name of Allah to Reflect On:

JUMADA AL-AKHIRAH 3rd, 1443 (WEDNESDAY, JANUARY 5th, 2022)

TASKS:	GOALS:
☐ _____	★ _____
☐ _____	★ _____
☐ _____	★ _____
☐ _____	★ _____
☐ _____	★ _____
☐ _____	★ _____
☐ _____	
☐ _____	I'M GRATEFUL FOR:
☐ _____	♥ _____
☐ _____	♥ _____
☐ _____	♥ _____
☐ _____	♥ _____

Notes:

Most Inspiring Quote:

Name of Allah to Reflect On:

JUMADA AL-AKHIRAH 4th, 1443 (THURSDAY, JANUARY 6th, 2022)

TASKS:
- ☐
- ☐
- ☐
- ☐
- ☐
- ☐
- ☐
- ☐
- ☐
- ☐
- ☐
- ☐

GOALS:
- ★
- ★
- ★
- ★
- ★
- ★

I'M GRATEFUL FOR:
- ♥
- ♥
- ♥
- ♥

Notes:

Most Inspiring Quote:

Name of Allah to Reflect On:

JUMADA AL-AKHIRAH 5th, 1443 (FRIDAY, JANUARY 7th, 2022)

TASKS:
- ☐ _____
- ☐ _____
- ☐ _____
- ☐ _____
- ☐ _____
- ☐ _____
- ☐ _____
- ☐ _____
- ☐ _____
- ☐ _____
- ☐ _____
- ☐ _____

GOALS:
- ★ _____
- ★ _____
- ★ _____
- ★ _____
- ★ _____
- ★ _____

I'M GRATEFUL FOR:
- ♥ _____
- ♥ _____
- ♥ _____
- ♥ _____

Notes:

Most Inspiring Quote:

Name of Allah to Reflect On:

JUMADA AL-AKHIRAH 6th, 1443 (SATURDAY, JANUARY 8th, 2022)

TASKS:
- [ ]
- [ ]
- [ ]
- [ ]
- [ ]
- [ ]
- [ ]
- [ ]
- [ ]
- [ ]
- [ ]
- [ ]

GOALS:
★
★
★
★
★
★

I'M GRATEFUL FOR:
♥
♥
♥
♥

Notes:

Most Inspiring Quote:

Name of Allah to Reflect On:

JUMADA AL-AKHIRAH 7th, 1443 (SUNDAY, JANUARY 9th, 2022)

TASKS:
- [ ] _____
- [ ] _____
- [ ] _____
- [ ] _____
- [ ] _____
- [ ] _____
- [ ] _____
- [ ] _____
- [ ] _____
- [ ] _____
- [ ] _____
- [ ] _____

GOALS:
★ _____
★ _____
★ _____
★ _____
★ _____
★ _____

I'M GRATEFUL FOR:
♥ _____
♥ _____
♥ _____
♥ _____

Notes:

Most Inspiring Quote:

Name of Allah to Reflect On:

JUMADA AL-AKHIRAH 8th, 1443 (MONDAY, JANUARY 10th, 2022)

TASKS:
- [ ]
- [ ]
- [ ]
- [ ]
- [ ]
- [ ]
- [ ]
- [ ]
- [ ]
- [ ]
- [ ]
- [ ]

GOALS:
- ★
- ★
- ★
- ★
- ★
- ★

I'M GRATEFUL FOR:
- ♥
- ♥
- ♥
- ♥

Notes:

Most Inspiring Quote:

Name of Allah to Reflect On:

JUMADA AL-AKHIRAH 9th, 1443 (TUESDAY, JANUARY 11th, 2022)

TASKS:	GOALS:
☐	★
☐	★
☐	★
☐	★
☐	★
☐	★
☐	
☐	**I'M GRATEFUL FOR:**
☐	♥
☐	♥
☐	♥
☐	♥

Notes:

Most Inspiring Quote:

Name of Allah to Reflect On:

JUMADA AL-AKHIRAH 10th, 1443 (WEDNESDAY, JANUARY 12th, 2022)

TASKS:
- [ ]
- [ ]
- [ ]
- [ ]
- [ ]
- [ ]
- [ ]
- [ ]
- [ ]
- [ ]
- [ ]
- [ ]

GOALS:
- ★
- ★
- ★
- ★
- ★
- ★

I'M GRATEFUL FOR:
- ♥
- ♥
- ♥
- ♥

Notes:

Most Inspiring Quote:

Name of Allah to Reflect On:

JUMADA AL-AKHIRAH 11th, 1443 (THURSDAY, JANUARY 13th, 2022)

TASKS:
- [ ]
- [ ]
- [ ]
- [ ]
- [ ]
- [ ]
- [ ]
- [ ]
- [ ]
- [ ]
- [ ]
- [ ]

GOALS:
- ★
- ★
- ★
- ★
- ★

I'M GRATEFUL FOR:
- ♥
- ♥
- ♥
- ♥

Notes:

Most Inspiring Quote:

Name of Allah to Reflect On:

JUMADA AL-AKHIRAH 12th, 1443 (FRIDAY, JANUARY 14th, 2022)

TASKS:
- [ ]
- [ ]
- [ ]
- [ ]
- [ ]
- [ ]
- [ ]
- [ ]
- [ ]
- [ ]
- [ ]
- [ ]

GOALS:
- ★
- ★
- ★
- ★
- ★
- ★

I'M GRATEFUL FOR:
- ♥
- ♥
- ♥
- ♥

Notes:

Most Inspiring Quote:

Name of Allah to Reflect On:

JUMADA AL-AKHIRAH 13th, 1443 (SATURDAY, JANUARY 15th, 2022)

TASKS:
- [ ]
- [ ]
- [ ]
- [ ]
- [ ]
- [ ]
- [ ]
- [ ]
- [ ]
- [ ]
- [ ]
- [ ]

GOALS:
- ★
- ★
- ★
- ★
- ★
- ★

I'M GRATEFUL FOR:
- ♥
- ♥
- ♥
- ♥

Notes:

Most Inspiring Quote:

Name of Allah to Reflect On:

JUMADA AL-AKHIRAH 14th, 1443 (SUNDAY, JANUARY 16th, 2022)

TASKS:
- [ ] _____
- [ ] _____
- [ ] _____
- [ ] _____
- [ ] _____
- [ ] _____
- [ ] _____
- [ ] _____
- [ ] _____
- [ ] _____
- [ ] _____
- [ ] _____

GOALS:
★ _____
★ _____
★ _____
★ _____
★ _____
★ _____

I'M GRATEFUL FOR:
♥ _____
♥ _____
♥ _____
♥ _____

Notes:

Most Inspiring Quote:

Name of Allah to Reflect On:

JUMADA AL-AKHIRAH 15th, 1443 (MONDAY, JANUARY 17th, 2022)

TASKS:
- ☐ _____
- ☐ _____
- ☐ _____
- ☐ _____
- ☐ _____
- ☐ _____
- ☐ _____
- ☐ _____
- ☐ _____
- ☐ _____
- ☐ _____
- ☐ _____

GOALS:
- ★ _____
- ★ _____
- ★ _____
- ★ _____
- ★ _____
- ★ _____

I'M GRATEFUL FOR:
- ♥ _____
- ♥ _____
- ♥ _____
- ♥ _____

Notes:

Most Inspiring Quote:

Name of Allah to Reflect On:

JUMADA AL-AKHIRAH 16th, 1443 (TUESDAY, JANUARY 18th, 2022)

TASKS:
- [ ]
- [ ]
- [ ]
- [ ]
- [ ]
- [ ]
- [ ]
- [ ]
- [ ]
- [ ]
- [ ]
- [ ]

GOALS:
- ★
- ★
- ★
- ★
- ★

I'M GRATEFUL FOR:
- ♥
- ♥
- ♥
- ♥

Notes:

Most Inspiring Quote:

Name of Allah to Reflect On:

JUMADA AL-AKHIRAH 17th, 1443 (WEDNESDAY, JANUARY 19th, 2022)

TASKS:
- [ ]
- [ ]
- [ ]
- [ ]
- [ ]
- [ ]
- [ ]
- [ ]
- [ ]
- [ ]
- [ ]
- [ ]

GOALS:
- ★
- ★
- ★
- ★
- ★
- ★

I'M GRATEFUL FOR:
- ♥
- ♥
- ♥
- ♥

Notes:

Most Inspiring Quote:

Name of Allah to Reflect On:

JUMADA AL-AKHIRAH 18th, 1443 (THURSDAY, JANUARY 20th, 2022)

TASKS:
- [ ]
- [ ]
- [ ]
- [ ]
- [ ]
- [ ]
- [ ]
- [ ]
- [ ]
- [ ]
- [ ]
- [ ]

GOALS:
- ★
- ★
- ★
- ★
- ★
- ★

I'M GRATEFUL FOR:
- ♥
- ♥
- ♥
- ♥

Notes:

Most Inspiring Quote:

Name of Allah to Reflect On:

JUMADA AL-AKHIRAH 19th, 1443 (FRIDAY, JANUARY 21st, 2022)

TASKS:
- [ ]
- [ ]
- [ ]
- [ ]
- [ ]
- [ ]
- [ ]
- [ ]
- [ ]
- [ ]
- [ ]
- [ ]

GOALS:
- ★
- ★
- ★
- ★
- ★
- ★

I'M GRATEFUL FOR:
- ♥
- ♥
- ♥
- ♥

Notes:

Most Inspiring Quote:

Name of Allah to Reflect On:

JUMADA AL-AKHIRAH 20th, 1443 (SATURDAY, JANUARY 22nd, 2022)

TASKS:
- [ ]
- [ ]
- [ ]
- [ ]
- [ ]
- [ ]
- [ ]
- [ ]
- [ ]
- [ ]
- [ ]
- [ ]

GOALS:
★
★
★
★
★

I'M GRATEFUL FOR:
♥
♥
♥
♥

Notes:

Most Inspiring Quote:

Name of Allah to Reflect On:

JUMADA AL-AKHIRAH 21st, 1443 (SUNDAY, JANUARY 23rd, 2022)

TASKS:
- [ ]
- [ ]
- [ ]
- [ ]
- [ ]
- [ ]
- [ ]
- [ ]
- [ ]
- [ ]
- [ ]
- [ ]

GOALS:
- ★
- ★
- ★
- ★
- ★
- ★

I'M GRATEFUL FOR:
- ♥
- ♥
- ♥
- ♥

Notes:

Most Inspiring Quote:

Name of Allah to Reflect On:

JUMADA AL-AKHIRAH 22nd, 1443 (MONDAY, JANUARY 24th, 2022)

TASKS:
- [ ]
- [ ]
- [ ]
- [ ]
- [ ]
- [ ]
- [ ]
- [ ]
- [ ]
- [ ]
- [ ]
- [ ]

GOALS:
★
★
★
★
★
★

I'M GRATEFUL FOR:
♥
♥
♥
♥

Notes:

Most Inspiring Quote:

Name of Allah to Reflect On:

JUMADA AL-AKHIRAH 23rd, 1443 (TUESDAY, JANUARY 25th, 2022)

TASKS:
- [ ]
- [ ]
- [ ]
- [ ]
- [ ]
- [ ]
- [ ]
- [ ]
- [ ]
- [ ]
- [ ]
- [ ]

GOALS:
★
★
★
★
★
★

I'M GRATEFUL FOR:
♥
♥
♥
♥

Notes:

Most Inspiring Quote:

Name of Allah to Reflect On:

JUMADA AL-AKHIRAH 24th, 1443 (WEDNESDAY, JANUARY 26th, 2022)

TASKS:
- [ ]
- [ ]
- [ ]
- [ ]
- [ ]
- [ ]
- [ ]
- [ ]
- [ ]
- [ ]
- [ ]
- [ ]

GOALS:
- ★
- ★
- ★
- ★
- ★
- ★

I'M GRATEFUL FOR:
- ♥
- ♥
- ♥
- ♥

Notes:

Most Inspiring Quote:

Name of Allah to Reflect On:

JUMADA AL-AKHIRAH 25th, 1443 (THURSDAY, JANUARY 27th, 2022)

TASKS:
- [ ]
- [ ]
- [ ]
- [ ]
- [ ]
- [ ]
- [ ]
- [ ]
- [ ]
- [ ]
- [ ]
- [ ]

GOALS:
- ★
- ★
- ★
- ★
- ★

I'M GRATEFUL FOR:
- ♥
- ♥
- ♥
- ♥

Notes:

Most Inspiring Quote:

Name of Allah to Reflect On:

JUMADA AL-AKHIRAH 26th, 1443 (FRIDAY, JANUARY 28th, 2022)

TASKS:
- [ ]
- [ ]
- [ ]
- [ ]
- [ ]
- [ ]
- [ ]
- [ ]
- [ ]
- [ ]
- [ ]
- [ ]

GOALS:
- ★
- ★
- ★
- ★
- ★
- ★

I'M GRATEFUL FOR:
- ♥
- ♥
- ♥
- ♥

Notes:

Most Inspiring Quote:

Name of Allah to Reflect On:

JUMADA AL-AKHIRAH 27th, 1443 (SATURDAY, JANUARY 29th, 2022)

TASKS:
- [ ]
- [ ]
- [ ]
- [ ]
- [ ]
- [ ]
- [ ]
- [ ]
- [ ]
- [ ]
- [ ]
- [ ]

GOALS:
- ★
- ★
- ★
- ★
- ★
- ★

I'M GRATEFUL FOR:
- ♥
- ♥
- ♥
- ♥

Notes:

Most Inspiring Quote:

Name of Allah to Reflect On:

JUMADA AL-AKHIRAH 28th, 1443 (SUNDAY, JANUARY 30th, 2022)

TASKS:
- [ ]
- [ ]
- [ ]
- [ ]
- [ ]
- [ ]
- [ ]
- [ ]
- [ ]
- [ ]
- [ ]
- [ ]

GOALS:
★
★
★
★
★

I'M GRATEFUL FOR:
♥
♥
♥
♥

Notes:

Most Inspiring Quote:

Name of Allah to Reflect On:

JUMADA AL-AKHIRAH 29th, 1443 (MONDAY, JANUARY 31st, 2022)

TASKS:	GOALS:
☐	★
☐	★
☐	★
☐	★
☐	★
☐	★
☐	
☐	**I'M GRATEFUL FOR:**
☐	♥
☐	♥
☐	♥
☐	♥

Notes:

"Your weakness is actually your strength. You just need to know how to harness it and turn it into a weapon." — Papatia Feauxzar

O Allah, bring this month of Rajab upon us with security, iman, safety, Islam, your pleasure and protection from shaytan.

Name of Allah to Reflect On:

RAJAB 1ˢᵗ, 1443 (TUESDAY, FEBRUARY 1ˢᵗ, 2022)

TASKS:
- [ ] _____
- [ ] _____
- [ ] _____
- [ ] _____
- [ ] _____
- [ ] _____
- [ ] _____
- [ ] _____
- [ ] _____
- [ ] _____
- [ ] _____
- [ ] _____

GOALS:
★ _____
★ _____
★ _____
★ _____
★ _____
★ _____

I'M GRATEFUL FOR:
♥ _____
♥ _____
♥ _____
♥ _____

Notes:

Dua: *Allahumma barik lana fi Rajab wa Shaban wa ballighna Ramadan. — (At-Tabarani)*

Name of Allah to Reflect On:

RAJAB 2nd, 1443 (WEDNESDAY, FEBRUARY 2nd, 2022)

TASKS:
- [ ]
- [ ]
- [ ]
- [ ]
- [ ]
- [ ]
- [ ]
- [ ]
- [ ]
- [ ]
- [ ]
- [ ]

GOALS:
- ★
- ★
- ★
- ★
- ★
- ★

I'M GRATEFUL FOR:
- ♥
- ♥
- ♥
- ♥

Notes:

"Many doors you will knock at won't open for one reason; there are too small. Allah intends you to go knock at the biggest door made just for YOU. Keep looking, it's out there." — Fofky

Name of Allah to Reflect On:

RAJAB 3rd, 1443 (THURSDAY, FEBRUARY 3rd, 2022)

TASKS:
- [ ]
- [ ]
- [ ]
- [ ]
- [ ]
- [ ]
- [ ]
- [ ]
- [ ]
- [ ]
- [ ]
- [ ]

GOALS:
- ★
- ★
- ★
- ★
- ★
- ★

I'M GRATEFUL FOR:
- ♥
- ♥
- ♥
- ♥

Notes:

Most Inspiring Quote:

Name of Allah to Reflect On:

RAJAB 4th, 1443 (FRIDAY, FEBRUARY 4th, 2022)

TASKS:
- [ ]
- [ ]
- [ ]
- [ ]
- [ ]
- [ ]
- [ ]
- [ ]
- [ ]
- [ ]
- [ ]
- [ ]

GOALS:
- ★
- ★
- ★
- ★
- ★
- ★

I'M GRATEFUL FOR:
- ♥
- ♥
- ♥
- ♥

Notes:

Most Inspiring Quote:

Name of Allah to Reflect On:

RAJAB 5th, 1443 (SATURDAY, FEBRUARY 5th, 2022)

TASKS:
- [ ]
- [ ]
- [ ]
- [ ]
- [ ]
- [ ]
- [ ]
- [ ]
- [ ]
- [ ]
- [ ]
- [ ]

GOALS:
★
★
★
★
★
★

I'M GRATEFUL FOR:
♥
♥
♥
♥

Notes:

Most Inspiring Quote:

Name of Allah to Reflect On:

RAJAB 6th, 1443 (SUNDAY, FEBRUARY 6th, 2022)

TASKS:
- [ ]
- [ ]
- [ ]
- [ ]
- [ ]
- [ ]
- [ ]
- [ ]
- [ ]
- [ ]
- [ ]
- [ ]

GOALS:
- ★
- ★
- ★
- ★
- ★
- ★

I'M GRATEFUL FOR:
- ♥
- ♥
- ♥
- ♥

Notes:

Most Inspiring Quote:

Name of Allah to Reflect On:

RAJAB 7th, 1443 (MONDAY, FEBRUARY 7th, 2022)

TASKS:
- [ ] _____
- [ ] _____
- [ ] _____
- [ ] _____
- [ ] _____
- [ ] _____
- [ ] _____
- [ ] _____
- [ ] _____
- [ ] _____
- [ ] _____
- [ ] _____

GOALS:
★ _____
★ _____
★ _____
★ _____
★ _____
★ _____

I'M GRATEFUL FOR:
♥ _____
♥ _____
♥ _____
♥ _____

Notes:

Most Inspiring Quote:

Name of Allah to Reflect On:

RAJAB 8th, 1443 (TUESDAY, FEBRUARY 8th, 2022)

TASKS:
- [ ] ___
- [ ] ___
- [ ] ___
- [ ] ___
- [ ] ___
- [ ] ___
- [ ] ___
- [ ] ___
- [ ] ___
- [ ] ___
- [ ] ___
- [ ] ___

GOALS:
★ ___
★ ___
★ ___
★ ___
★ ___
★ ___

I'M GRATEFUL FOR:
♥ ___
♥ ___
♥ ___
♥ ___

Notes:

Most Inspiring Quote:

Name of Allah to Reflect On:

RAJAB 9th, 1443 (WEDNESDAY, FEBRUARY 9th, 2022)

TASKS:
- [ ]
- [ ]
- [ ]
- [ ]
- [ ]
- [ ]
- [ ]
- [ ]
- [ ]
- [ ]
- [ ]
- [ ]

GOALS:
- ★
- ★
- ★
- ★
- ★

I'M GRATEFUL FOR:
- ♥
- ♥
- ♥
- ♥

Notes:

Most Inspiring Quote:

Name of Allah to Reflect On:

RAJAB 10th, 1443 (THURSDAY, FEBRUARY 10th, 2022)

TASKS:
- [ ]
- [ ]
- [ ]
- [ ]
- [ ]
- [ ]
- [ ]
- [ ]
- [ ]
- [ ]
- [ ]
- [ ]

GOALS:
- ★
- ★
- ★
- ★
- ★

I'M GRATEFUL FOR:
- ♥
- ♥
- ♥
- ♥

Notes:

Most Inspiring Quote:

Name of Allah to Reflect On:

RAJAB 11th,1443 (FRIDAY, FEBRUARY 11th, 2022)

TASKS:
- [ ] _____
- [ ] _____
- [ ] _____
- [ ] _____
- [ ] _____
- [ ] _____
- [ ] _____
- [ ] _____
- [ ] _____
- [ ] _____
- [ ] _____
- [ ] _____

GOALS:
★ _____
★ _____
★ _____
★ _____
★ _____
★ _____

I'M GRATEFUL FOR:
♥ _____
♥ _____
♥ _____
♥ _____

Notes:

Most Inspiring Quote:

Name of Allah to Reflect On:

RAJAB 12th, 1443 (SATURDAY, FEBRUARY 12th, 2022)

TASKS:
- [ ]
- [ ]
- [ ]
- [ ]
- [ ]
- [ ]
- [ ]
- [ ]
- [ ]
- [ ]
- [ ]
- [ ]

GOALS:
★
★
★
★
★

I'M GRATEFUL FOR:
♥
♥
♥
♥

Notes:

Most Inspiring Quote:

Name of Allah to Reflect On:

RAJAB 13th, 1443 (SUNDAY, FEBRUARY 13th, 2022)

TASKS:
- [ ]
- [ ]
- [ ]
- [ ]
- [ ]
- [ ]
- [ ]
- [ ]
- [ ]
- [ ]
- [ ]
- [ ]

GOALS:
- ★
- ★
- ★
- ★
- ★

I'M GRATEFUL FOR:
- ♥
- ♥
- ♥
- ♥

Notes:

Most Inspiring Quote:

Name of Allah to Reflect On:

RAJAB 14th, 1443 (MONDAY, FEBRUARY 14th, 2022)

TASKS:
- [ ]
- [ ]
- [ ]
- [ ]
- [ ]
- [ ]
- [ ]
- [ ]
- [ ]
- [ ]
- [ ]
- [ ]

GOALS:
- ★
- ★
- ★
- ★
- ★

I'M GRATEFUL FOR:
- ♥
- ♥
- ♥
- ♥

Notes:

Most Inspiring Quote:

Name of Allah to Reflect On:

RAJAB 15th, 1443 (TUESDAY, FEBRUARY 15th, 2022)

TASKS:
- [ ]
- [ ]
- [ ]
- [ ]
- [ ]
- [ ]
- [ ]
- [ ]
- [ ]
- [ ]
- [ ]
- [ ]

GOALS:
★
★
★
★
★
★

I'M GRATEFUL FOR:
♥
♥
♥
♥

Notes:

Most Inspiring Quote:

Name of Allah to Reflect On:

RAJAB 16th,1443 (WEDNESDAY, FEBRUARY 16th, 2022)

TASKS:
- [ ]
- [ ]
- [ ]
- [ ]
- [ ]
- [ ]
- [ ]
- [ ]
- [ ]
- [ ]
- [ ]
- [ ]

GOALS:
- ★
- ★
- ★
- ★
- ★
- ★

I'M GRATEFUL FOR:
- ♥
- ♥
- ♥
- ♥

Notes:

Most Inspiring Quote:

Name of Allah to Reflect On:

RAJAB 17th, 1443 (THURSDAY, FEBRUARY 17th, 2022)

TASKS:
- [ ]
- [ ]
- [ ]
- [ ]
- [ ]
- [ ]
- [ ]
- [ ]
- [ ]
- [ ]
- [ ]
- [ ]

GOALS:
- ★
- ★
- ★
- ★
- ★
- ★

I'M GRATEFUL FOR:
- ♥
- ♥
- ♥
- ♥

Notes:

Most Inspiring Quote:

Name of Allah to Reflect On:

RAJAB 18th, 1443 (FRIDAY, FEBRUARY 18th, 2022)

TASKS:
- [ ]
- [ ]
- [ ]
- [ ]
- [ ]
- [ ]
- [ ]
- [ ]
- [ ]
- [ ]
- [ ]
- [ ]

GOALS:
- ★
- ★
- ★
- ★
- ★
- ★

I'M GRATEFUL FOR:
- ♥
- ♥
- ♥
- ♥

Notes:

Most Inspiring Quote:

Name of Allah to Reflect On:

RAJAB 19th, 1443 (SATURDAY, FEBRUARY 19th, 2022)

TASKS:
- [ ]
- [ ]
- [ ]
- [ ]
- [ ]
- [ ]
- [ ]
- [ ]
- [ ]
- [ ]
- [ ]
- [ ]

GOALS:
- ★
- ★
- ★
- ★
- ★
- ★

I'M GRATEFUL FOR:
- ♥
- ♥
- ♥
- ♥

Notes:

Most Inspiring Quote:

Name of Allah to Reflect On:

RAJAB 20th, 1443 (SUNDAY, FEBRUARY 20th, 2022)

TASKS:
- [ ]
- [ ]
- [ ]
- [ ]
- [ ]
- [ ]
- [ ]
- [ ]
- [ ]
- [ ]
- [ ]
- [ ]

GOALS:
★
★
★
★
★
★

I'M GRATEFUL FOR:
♥
♥
♥
♥

Notes:

Most Inspiring Quote:

Name of Allah to Reflect On:

RAJAB 21st, 1443 (MONDAY, FEBRUARY 21st, 2022)

TASKS:
- [ ]
- [ ]
- [ ]
- [ ]
- [ ]
- [ ]
- [ ]
- [ ]
- [ ]
- [ ]
- [ ]
- [ ]

GOALS:
- ★
- ★
- ★
- ★
- ★
- ★

I'M GRATEFUL FOR:
- ♥
- ♥
- ♥
- ♥

Notes:

Most Inspiring Quote:

Name of Allah to Reflect On:

RAJAB 22nd, 1443 (TUESDAY, FEBRUARY 22nd, 2022)

TASKS:
- [ ]
- [ ]
- [ ]
- [ ]
- [ ]
- [ ]
- [ ]
- [ ]
- [ ]
- [ ]
- [ ]
- [ ]

GOALS:
- ★
- ★
- ★
- ★
- ★
- ★

I'M GRATEFUL FOR:
- ♥
- ♥
- ♥
- ♥

Notes:

Most Inspiring Quote:

Name of Allah to Reflect On:

RAJAB 23rd, 1443 (WEDNESDAY, FEBRUARY 23rd, 2022)

TASKS:
- [ ]
- [ ]
- [ ]
- [ ]
- [ ]
- [ ]
- [ ]
- [ ]
- [ ]
- [ ]
- [ ]
- [ ]

GOALS:
- ★
- ★
- ★
- ★
- ★
- ★

I'M GRATEFUL FOR:
- ♥
- ♥
- ♥
- ♥

Notes:

Most Inspiring Quote:

Name of Allah to Reflect On:

RAJAB 24th, 1443 (THURSDAY, FEBRUARY 24th, 2022)

TASKS:
- [ ]
- [ ]
- [ ]
- [ ]
- [ ]
- [ ]
- [ ]
- [ ]
- [ ]
- [ ]
- [ ]
- [ ]

GOALS:
- ★
- ★
- ★
- ★
- ★
- ★

I'M GRATEFUL FOR:
- ♥
- ♥
- ♥
- ♥

Notes:

Most Inspiring Quote:

Name of Allah to Reflect On:

RAJAB 25th, 1443 (FRIDAY, FEBRUARY 25th, 2022)

TASKS:
- [ ]
- [ ]
- [ ]
- [ ]
- [ ]
- [ ]
- [ ]
- [ ]
- [ ]
- [ ]
- [ ]
- [ ]

GOALS:
- ★
- ★
- ★
- ★
- ★

I'M GRATEFUL FOR:
- ♥
- ♥
- ♥
- ♥

Notes:

Most Inspiring Quote:

Name of Allah to Reflect On:

RAJAB 26th, 1443 (SATURDAY, FEBRUARY 26th, 2022)

TASKS:
- [ ]
- [ ]
- [ ]
- [ ]
- [ ]
- [ ]
- [ ]
- [ ]
- [ ]
- [ ]
- [ ]
- [ ]

GOALS:
- ★
- ★
- ★
- ★
- ★
- ★

I'M GRATEFUL FOR:
- ♥
- ♥
- ♥
- ♥

Notes:

Most Inspiring Quote:

Name of Allah to Reflect On:

RAJAB 27th, 1443 (SUNDAY, FEBRUARY 27th, 2022)

TASKS:
- [ ]
- [ ]
- [ ]
- [ ]
- [ ]
- [ ]
- [ ]
- [ ]
- [ ]
- [ ]
- [ ]
- [ ]

GOALS:
- ★
- ★
- ★
- ★
- ★

I'M GRATEFUL FOR:
- ♥
- ♥
- ♥
- ♥

Notes:

Most Inspiring Quote:

Name of Allah to Reflect On:

RAJAB 28th, 1443 (MONDAY, FEBRUARY 28th, 2022)

TASKS:
- [ ]
- [ ]
- [ ]
- [ ]
- [ ]
- [ ]
- [ ]
- [ ]
- [ ]
- [ ]
- [ ]
- [ ]

GOALS:
- ★
- ★
- ★
- ★
- ★
- ★

I'M GRATEFUL FOR:
- ♥
- ♥
- ♥
- ♥

Event: Miraj

Notes:

Most Inspiring Quote:

Name of Allah to Reflect On:

RAJAB 29th, 1443 (TUESDAY, MARCH 1st, 2022)

TASKS:
- [ ] _____
- [ ] _____
- [ ] _____
- [ ] _____
- [ ] _____
- [ ] _____
- [ ] _____
- [ ] _____
- [ ] _____
- [ ] _____
- [ ] _____
- [ ] _____

GOALS:
- ★ _____
- ★ _____
- ★ _____
- ★ _____
- ★ _____
- ★ _____

I'M GRATEFUL FOR:
- ♥ _____
- ♥ _____
- ♥ _____
- ♥ _____

Notes:

Most Inspiring Quote:

Name of Allah to Reflect On:

RAJAB 30th, 1443 (WEDNESDAY, MARCH 2nd, 2022)

TASKS:
- [ ]
- [ ]
- [ ]
- [ ]
- [ ]
- [ ]
- [ ]
- [ ]
- [ ]
- [ ]
- [ ]
- [ ]

GOALS:
- ★
- ★
- ★
- ★
- ★
- ★

I'M GRATEFUL FOR:
- ♥
- ♥
- ♥
- ♥

Notes:

Writing is a total recall of all the places your soul has been at."— Fofky

O Allah, bring this month of Shaban upon us with security, iman, safety, Islam, your pleasure and protection from shaytan.

Name of Allah to Reflect On:

SHABAN 1st, 1443 (THURSDAY, MARCH 3rd, 2022)

TASKS:
- [ ] _____
- [ ] _____
- [ ] _____
- [ ] _____
- [ ] _____
- [ ] _____
- [ ] _____
- [ ] _____
- [ ] _____
- [ ] _____
- [ ] _____
- [ ] _____

GOALS:
- ★ _____
- ★ _____
- ★ _____
- ★ _____
- ★ _____
- ★ _____

I'M GRATEFUL FOR:
- ♥ _____
- ♥ _____
- ♥ _____
- ♥ _____

Notes:

"Don't bite at the bait set by repeating narcissists, rude people, manipulators, and ingrates. Simply put, be no one's fool." — Fofky

Name of Allah to Reflect On:

SHABAN 2nd, 1443 (FRIDAY, MARCH 4th, 2022)

TASKS:	GOALS:
☐	★
☐	★
☐	★
☐	★
☐	★
☐	★
☐	
☐	**I'M GRATEFUL FOR:**
☐	♥
☐	♥
☐	♥
☐	♥

Notes:

Most Inspiring Quote:

Name of Allah to Reflect On:

SHABAN 3rd, 1443 (SATURDAY, MARCH 5th, 2022)

TASKS:
- [ ]
- [ ]
- [ ]
- [ ]
- [ ]
- [ ]
- [ ]
- [ ]
- [ ]
- [ ]
- [ ]
- [ ]

GOALS:
- ★
- ★
- ★
- ★
- ★

I'M GRATEFUL FOR:
- ♥
- ♥
- ♥
- ♥

Notes:

Most Inspiring Quote:

Name of Allah to Reflect On:

SHABAN 4th, 1443 (SUNDAY, MARCH 6th, 2022)

TASKS:
- [ ] _____
- [ ] _____
- [ ] _____
- [ ] _____
- [ ] _____
- [ ] _____
- [ ] _____
- [ ] _____
- [ ] _____
- [ ] _____
- [ ] _____
- [ ] _____

GOALS:
- ★ _____
- ★ _____
- ★ _____
- ★ _____
- ★ _____
- ★ _____

I'M GRATEFUL FOR:
- ♥ _____
- ♥ _____
- ♥ _____
- ♥ _____

Notes:

Most Inspiring Quote:

Name of Allah to Reflect On:

SHABAN 5th, 1443 (MONDAY, MARCH 7th, 2022)

TASKS:
- [ ]
- [ ]
- [ ]
- [ ]
- [ ]
- [ ]
- [ ]
- [ ]
- [ ]
- [ ]
- [ ]
- [ ]

GOALS:
- ★
- ★
- ★
- ★
- ★
- ★

I'M GRATEFUL FOR:
- ♥
- ♥
- ♥
- ♥

Notes:

Most Inspiring Quote:

Name of Allah to Reflect On:

SHABAN 6th, 1443 (TUESDAY, MARCH 8th, 2022)

TASKS:
- [ ] _____
- [ ] _____
- [ ] _____
- [ ] _____
- [ ] _____
- [ ] _____
- [ ] _____
- [ ] _____
- [ ] _____
- [ ] _____
- [ ] _____
- [ ] _____

GOALS:
★ _____
★ _____
★ _____
★ _____
★ _____
★ _____

I'M GRATEFUL FOR:
♥ _____
♥ _____
♥ _____
♥ _____

Notes:

Most Inspiring Quote:

Name of Allah to Reflect On:

SHABAN 7th, 1443 (WEDNESDAY, MARCH 9th, 2022)

TASKS:	GOALS:
☐	★
☐	★
☐	★
☐	★
☐	★
☐	★

I'M GRATEFUL FOR:

☐
☐ ♥
☐ ♥
☐ ♥
☐ ♥
☐

Notes:

Most Inspiring Quote:

Name of Allah to Reflect On:

SHABAN 8th, 1443 (THURSDAY, MARCH 10th, 2022)

TASKS:
- [ ]
- [ ]
- [ ]
- [ ]
- [ ]
- [ ]
- [ ]
- [ ]
- [ ]
- [ ]
- [ ]
- [ ]

GOALS:
- ★
- ★
- ★
- ★
- ★
- ★

I'M GRATEFUL FOR:
- ♥
- ♥
- ♥
- ♥

Notes:

Most Inspiring Quote:

Name of Allah to Reflect On:

SHABAN 9th, 1443 (FRIDAY, MARCH 11th, 2022)

TASKS:
- [ ]
- [ ]
- [ ]
- [ ]
- [ ]
- [ ]
- [ ]
- [ ]
- [ ]
- [ ]
- [ ]
- [ ]

GOALS:
- ★
- ★
- ★
- ★
- ★
- ★

I'M GRATEFUL FOR:
- ♥
- ♥
- ♥
- ♥

Notes:

Most Inspiring Quote:

Name of Allah to Reflect On:

SHABAN 10th, 1443 (SATURDAY, MARCH 12th, 2022)

TASKS:
- [ ]
- [ ]
- [ ]
- [ ]
- [ ]
- [ ]
- [ ]
- [ ]
- [ ]
- [ ]
- [ ]
- [ ]

GOALS:
- ★
- ★
- ★
- ★
- ★
- ★

I'M GRATEFUL FOR:
- ♥
- ♥
- ♥
- ♥

Notes:

Most Inspiring Quote:

Name of Allah to Reflect On:

SHABAN 11th, 1443 (SUNDAY, MARCH 13th, 2022)

TASKS:
- [ ]
- [ ]
- [ ]
- [ ]
- [ ]
- [ ]
- [ ]
- [ ]
- [ ]
- [ ]
- [ ]
- [ ]

GOALS:
- ★
- ★
- ★
- ★
- ★
- ★

I'M GRATEFUL FOR:
- ♥
- ♥
- ♥
- ♥

Notes:

Most Inspiring Quote:

Name of Allah to Reflect On:

SHABAN 12th, 1443 (MONDAY, MARCH 14th, 2022)

TASKS:
- [ ]
- [ ]
- [ ]
- [ ]
- [ ]
- [ ]
- [ ]
- [ ]
- [ ]
- [ ]
- [ ]
- [ ]

GOALS:
- ★
- ★
- ★
- ★
- ★
- ★

I'M GRATEFUL FOR:
- ♥
- ♥
- ♥
- ♥

Notes:

Most Inspiring Quote:

Name of Allah to Reflect On:

SHABAN 13th, 1443 (TUESDAY, MARCH 15th, 2022)

TASKS:
- [ ]
- [ ]
- [ ]
- [ ]
- [ ]
- [ ]
- [ ]
- [ ]
- [ ]
- [ ]
- [ ]
- [ ]

GOALS:
- ★
- ★
- ★
- ★
- ★
- ★

I'M GRATEFUL FOR:
- ♥
- ♥
- ♥
- ♥

Notes:

Most Inspiring Quote:

Name of Allah to Reflect On:

SHABAN 14th, 1443 (WEDNESDAY, MARCH 16th, 2022)

TASKS:	GOALS:
☐	★
☐	★
☐	★
☐	★
☐	★
☐	★
☐	
☐	**I'M GRATEFUL FOR:**
☐	♥
☐	♥
☐	♥
☐	♥

Notes:

Most Inspiring Quote:

Name of Allah to Reflect On:

SHABAN 15th, 1443 (THURSDAY, MARCH 17th, 2022)

TASKS:
- [ ]
- [ ]
- [ ]
- [ ]
- [ ]
- [ ]
- [ ]
- [ ]
- [ ]
- [ ]
- [ ]
- [ ]

GOALS:
- ★
- ★
- ★
- ★
- ★

I'M GRATEFUL FOR:
- ♥
- ♥
- ♥
- ♥

Event: Lailat-ul-Barat

Notes:

Most Inspiring Quote:

Name of Allah to Reflect On:

SHABAN 16th, 1443 (FRIDAY, MARCH 18th, 2022)

TASKS:
- [ ]
- [ ]
- [ ]
- [ ]
- [ ]
- [ ]
- [ ]
- [ ]
- [ ]
- [ ]
- [ ]
- [ ]

GOALS:
- ★
- ★
- ★
- ★
- ★
- ★

I'M GRATEFUL FOR:
- ♥
- ♥
- ♥
- ♥

Notes:

Most Inspiring Quote:

Name of Allah to Reflect On:

SHABAN 17th, 1443 (SATURDAY, MARCH 19th, 2022)

TASKS:
- [ ]
- [ ]
- [ ]
- [ ]
- [ ]
- [ ]
- [ ]
- [ ]
- [ ]
- [ ]
- [ ]
- [ ]

GOALS:
- ★
- ★
- ★
- ★
- ★

I'M GRATEFUL FOR:
- ♥
- ♥
- ♥
- ♥

Notes:

Most Inspiring Quote:

Name of Allah to Reflect On:

SHABAN 18th, 1443 (SUNDAY, MARCH 20th, 2022)

TASKS:
- [ ]
- [ ]
- [ ]
- [ ]
- [ ]
- [ ]
- [ ]
- [ ]
- [ ]
- [ ]
- [ ]
- [ ]

GOALS:
- ★
- ★
- ★
- ★
- ★
- ★

I'M GRATEFUL FOR:
- ♥
- ♥
- ♥
- ♥

Notes:

Most Inspiring Quote:

Name of Allah to Reflect On:

SHABAN 19th, 1443 (MONDAY, MARCH 21st, 2022)

TASKS:
- [ ]
- [ ]
- [ ]
- [ ]
- [ ]
- [ ]
- [ ]
- [ ]
- [ ]
- [ ]
- [ ]
- [ ]

GOALS:
- ★
- ★
- ★
- ★
- ★
- ★

I'M GRATEFUL FOR:
- ♥
- ♥
- ♥
- ♥

Notes:

Most Inspiring Quote:

Name of Allah to Reflect On:

SHABAN 20th, 1443 (TUESDAY, MARCH 22nd, 2022)

TASKS:
- [ ]
- [ ]
- [ ]
- [ ]
- [ ]
- [ ]
- [ ]
- [ ]
- [ ]
- [ ]
- [ ]
- [ ]

GOALS:
★
★
★
★
★
★

I'M GRATEFUL FOR:
♥
♥
♥
♥

Notes:

Most Inspiring Quote:

Name of Allah to Reflect On:

SHABAN 21st, 1443 (WEDNESDAY, MARCH 23rd, 2022)

TASKS:
- [ ]
- [ ]
- [ ]
- [ ]
- [ ]
- [ ]
- [ ]
- [ ]
- [ ]
- [ ]
- [ ]
- [ ]

GOALS:
★
★
★
★
★
★

I'M GRATEFUL FOR:
♥
♥
♥
♥

Notes:

Most Inspiring Quote:

Name of Allah to Reflect On:

SHABAN 22nd, 1443 (THURSDAY, MARCH 24th, 2022)

TASKS:
- [ ]
- [ ]
- [ ]
- [ ]
- [ ]
- [ ]
- [ ]
- [ ]
- [ ]
- [ ]
- [ ]
- [ ]

GOALS:
- ★
- ★
- ★
- ★
- ★
- ★

I'M GRATEFUL FOR:
- ♥
- ♥
- ♥
- ♥

Notes:

Most Inspiring Quote:

Name of Allah to Reflect On:

SHABAN 23rd, 1443 (FRIDAY, MARCH 25th, 2022)

TASKS:
- [ ]
- [ ]
- [ ]
- [ ]
- [ ]
- [ ]
- [ ]
- [ ]
- [ ]
- [ ]
- [ ]
- [ ]

GOALS:
- ★
- ★
- ★
- ★
- ★
- ★

I'M GRATEFUL FOR:
- ♥
- ♥
- ♥
- ♥

Notes:

Most Inspiring Quote:

Name of Allah to Reflect On:

SHABAN 24th, 1443 (SATURDAY, MARCH 26th, 2022)

TASKS:
- [ ] _____
- [ ] _____
- [ ] _____
- [ ] _____
- [ ] _____
- [ ] _____
- [ ] _____
- [ ] _____
- [ ] _____
- [ ] _____
- [ ] _____
- [ ] _____

GOALS:
- ★ _____
- ★ _____
- ★ _____
- ★ _____
- ★ _____
- ★ _____

I'M GRATEFUL FOR:
- ♥ _____
- ♥ _____
- ♥ _____
- ♥ _____

Notes:

Most Inspiring Quote:

Name of Allah to Reflect On:

SHABAN 25th, 1443 (SUNDAY, MARCH 27th, 2022)

TASKS:
- [ ]
- [ ]
- [ ]
- [ ]
- [ ]
- [ ]
- [ ]
- [ ]
- [ ]
- [ ]
- [ ]
- [ ]

GOALS:
- ★
- ★
- ★
- ★
- ★
- ★

I'M GRATEFUL FOR:
- ♥
- ♥
- ♥
- ♥

Notes:

Most Inspiring Quote:

Name of Allah to Reflect On:

SHABAN 26th, 1443 (MONDAY, MARCH 28th, 2022)

TASKS:
- [ ]
- [ ]
- [ ]
- [ ]
- [ ]
- [ ]
- [ ]
- [ ]
- [ ]
- [ ]
- [ ]
- [ ]

GOALS:
- ★
- ★
- ★
- ★
- ★
- ★

I'M GRATEFUL FOR:
- ♥
- ♥
- ♥
- ♥

Notes:

Most Inspiring Quote:

Name of Allah to Reflect On:

SHABAN 27th, 1443 (TUESDAY, MARCH 29th, 2022)

TASKS:
- [ ]
- [ ]
- [ ]
- [ ]
- [ ]
- [ ]
- [ ]
- [ ]
- [ ]
- [ ]
- [ ]
- [ ]

GOALS:
- ★
- ★
- ★
- ★
- ★
- ★

I'M GRATEFUL FOR:
- ♥
- ♥
- ♥
- ♥

Notes:

Most Inspiring Quote:

Name of Allah to Reflect On:

SHABAN 28th, 1443 (WEDNESDAY, MARCH 30th, 2022)

TASKS:
- [ ] _____
- [ ] _____
- [ ] _____
- [ ] _____
- [ ] _____
- [ ] _____
- [ ] _____
- [ ] _____
- [ ] _____
- [ ] _____
- [ ] _____
- [ ] _____

GOALS:
★ _____
★ _____
★ _____
★ _____
★ _____
★ _____

I'M GRATEFUL FOR:
♥ _____
♥ _____
♥ _____
♥ _____

Notes:

Most Inspiring Quote:

Name of Allah to Reflect On:

SHABAN 29th, 1443 (THURSDAY, MARCH 31st, 2022)

TASKS:
- [ ]
- [ ]
- [ ]
- [ ]
- [ ]
- [ ]
- [ ]
- [ ]
- [ ]
- [ ]
- [ ]
- [ ]

GOALS:
- ★
- ★
- ★
- ★
- ★
- ★

I'M GRATEFUL FOR:
- ♥
- ♥
- ♥
- ♥

Notes:

"We all write books that are either easy or hard to sell. The time for the hard ones to shine will come in centuries to come insha'Allah." — Fofky

O Allah, bring this month of Ramadan upon us with security, iman, safety, Islam, your pleasure and protection from shaytan.

Name of Allah to Reflect On:

RAMADAN 1st, 1443 (FRIDAY, APRIL 1st, 2022)

TASKS:
- [ ]
- [ ]
- [ ]
- [ ]
- [ ]
- [ ]
- [ ]
- [ ]
- [ ]
- [ ]
- [ ]
- [ ]

GOALS:
★
★
★
★
★
★

I'M GRATEFUL FOR:
♥
♥
♥
♥

Notes:

"What you seek is already in front of you. Quit looking somewhere else or searching far. It's staring right back at you. Just look closely." — Fofky

Name of Allah to Reflect On:

RAMADAN 2nd, 1443 (SATURDAY, APRIL 2nd, 2022)

TASKS:
- ☐ _____
- ☐ _____
- ☐ _____
- ☐ _____
- ☐ _____
- ☐ _____
- ☐ _____
- ☐ _____
- ☐ _____
- ☐ _____
- ☐ _____
- ☐ _____

GOALS:
- ★ _____
- ★ _____
- ★ _____
- ★ _____
- ★ _____
- ★ _____

I'M GRATEFUL FOR:
- ♥ _____
- ♥ _____
- ♥ _____
- ♥ _____

Notes:

Most Inspiring Quote:

Name of Allah to Reflect On:

RAMADAN 3rd, 1443 (SUNDAY, APRIL 3rd, 2022)

TASKS:
- [ ] _____
- [ ] _____
- [ ] _____
- [ ] _____
- [ ] _____
- [ ] _____
- [ ] _____
- [ ] _____
- [ ] _____
- [ ] _____
- [ ] _____
- [ ] _____

GOALS:
- ★ _____
- ★ _____
- ★ _____
- ★ _____
- ★ _____
- ★ _____

I'M GRATEFUL FOR:
- ♥ _____
- ♥ _____
- ♥ _____
- ♥ _____

Notes:

Most Inspiring Quote:

Name of Allah to Reflect On:

RAMADAN 4th,1443 (MONDAY, APRIL 4th, 2022)

TASKS:	GOALS:
☐	★
☐	★
☐	★
☐	★
☐	★
☐	★
☐	
☐	I'M GRATEFUL FOR:
☐	♥
☐	♥
☐	♥
☐	♥

Notes:

Most Inspiring Quote:

Name of Allah to Reflect On:

RAMADAN 5th, 1443 (TUESDAY, APRIL 5th, 2022)

TASKS:
- [ ]
- [ ]
- [ ]
- [ ]
- [ ]
- [ ]
- [ ]
- [ ]
- [ ]
- [ ]
- [ ]
- [ ]

GOALS:
- ★
- ★
- ★
- ★
- ★
- ★

I'M GRATEFUL FOR:
- ♥
- ♥
- ♥
- ♥

Notes:

Most Inspiring Quote:

Name of Allah to Reflect On:

RAMADAN 6th, 1443 (WEDNESDAY, APRIL 6th, 2022)

TASKS:
- [ ]
- [ ]
- [ ]
- [ ]
- [ ]
- [ ]
- [ ]
- [ ]
- [ ]
- [ ]
- [ ]
- [ ]

GOALS:
- ★
- ★
- ★
- ★
- ★
- ★

I'M GRATEFUL FOR:
- ♥
- ♥
- ♥
- ♥

Notes:

Most Inspiring Quote:

Name of Allah to Reflect On:

RAMADAN 7th, 1443 (THURSDAY, APRIL 7th, 2022)

TASKS:
- [ ] _____
- [ ] _____
- [ ] _____
- [ ] _____
- [ ] _____
- [ ] _____
- [ ] _____
- [ ] _____
- [ ] _____
- [ ] _____
- [ ] _____
- [ ] _____

GOALS:
★ _____
★ _____
★ _____
★ _____
★ _____
★ _____

I'M GRATEFUL FOR:
♥ _____
♥ _____
♥ _____
♥ _____

Notes:

Most Inspiring Quote:

Name of Allah to Reflect On:

RAMADAN 8th, 1443 (FRIDAY, APRIL 8th, 2022)

TASKS:
- [ ]
- [ ]
- [ ]
- [ ]
- [ ]
- [ ]
- [ ]
- [ ]
- [ ]
- [ ]
- [ ]
- [ ]

GOALS:
★
★
★
★
★

I'M GRATEFUL FOR:
♥
♥
♥
♥

Notes:

Most Inspiring Quote:

Name of Allah to Reflect On:

RAMADAN 9th, 1443 (SATURDAY, APRIL 9th, 2022)

TASKS:
- [ ]
- [ ]
- [ ]
- [ ]
- [ ]
- [ ]
- [ ]
- [ ]
- [ ]
- [ ]
- [ ]
- [ ]

GOALS:
- ★
- ★
- ★
- ★
- ★

I'M GRATEFUL FOR:
- ♥
- ♥
- ♥
- ♥

Notes:

Most Inspiring Quote:

Name of Allah to Reflect On:

RAMADAN 10th, 1443 (SUNDAY, APRIL 10th, 2022)

TASKS:
- [ ]
- [ ]
- [ ]
- [ ]
- [ ]
- [ ]
- [ ]
- [ ]
- [ ]
- [ ]
- [ ]
- [ ]

GOALS:
- ★
- ★
- ★
- ★
- ★
- ★

I'M GRATEFUL FOR:
- ♥
- ♥
- ♥
- ♥

Notes:

Most Inspiring Quote:

Name of Allah to Reflect On:

RAMADAN 11th, 1443 (MONDAY, APRIL 11th, 2022)

TASKS:
- [ ] _____
- [ ] _____
- [ ] _____
- [ ] _____
- [ ] _____
- [ ] _____
- [ ] _____
- [ ] _____
- [ ] _____
- [ ] _____
- [ ] _____
- [ ] _____

GOALS:
★ _____
★ _____
★ _____
★ _____
★ _____

I'M GRATEFUL FOR:
♥ _____
♥ _____
♥ _____
♥ _____

Notes:

Most Inspiring Quote:

Name of Allah to Reflect On:

RAMADAN 12th, 1443 (TUESDAY, APRIL 12th, 2022)

TASKS:
- [ ]
- [ ]
- [ ]
- [ ]
- [ ]
- [ ]
- [ ]
- [ ]
- [ ]
- [ ]
- [ ]
- [ ]

GOALS:
★
★
★
★
★
★

I'M GRATEFUL FOR:
♥
♥
♥
♥

Notes:

Most Inspiring Quote:

Name of Allah to Reflect On:

RAMADAN 13th, 1443 (WEDNESDAY, APRIL 13th, 2022)

TASKS:
- [ ]
- [ ]
- [ ]
- [ ]
- [ ]
- [ ]
- [ ]
- [ ]
- [ ]
- [ ]
- [ ]
- [ ]

GOALS:
- ★
- ★
- ★
- ★
- ★
- ★

I'M GRATEFUL FOR:
- ♥
- ♥
- ♥
- ♥

Notes:

Most Inspiring Quote:

Name of Allah to Reflect On:

RAMADAN 14th, 1443 (THURSDAY, APRIL 14th, 2022)

TASKS:
- [ ]
- [ ]
- [ ]
- [ ]
- [ ]
- [ ]
- [ ]
- [ ]
- [ ]
- [ ]
- [ ]
- [ ]

GOALS:
- ★
- ★
- ★
- ★
- ★
- ★

I'M GRATEFUL FOR:
- ♥
- ♥
- ♥
- ♥

Notes:

Most Inspiring Quote:

Name of Allah to Reflect On:

RAMADAN 15th, 1443 (FRIDAY, APRIL 15th, 2022)

TASKS:
- [ ]
- [ ]
- [ ]
- [ ]
- [ ]
- [ ]
- [ ]
- [ ]
- [ ]
- [ ]
- [ ]
- [ ]

GOALS:
- ★
- ★
- ★
- ★
- ★
- ★

I'M GRATEFUL FOR:
- ♥
- ♥
- ♥
- ♥

Notes:

Most Inspiring Quote:

Name of Allah to Reflect On:

RAMADAN 16th, 1443 (SATURDAY, APRIL 16th, 2022)

TASKS:
- [ ]
- [ ]
- [ ]
- [ ]
- [ ]
- [ ]
- [ ]
- [ ]
- [ ]
- [ ]
- [ ]
- [ ]

GOALS:
- ★
- ★
- ★
- ★
- ★
- ★

I'M GRATEFUL FOR:
- ♥
- ♥
- ♥
- ♥

Notes:

Most Inspiring Quote:

Name of Allah to Reflect On:

RAMADAN 17th, 1443 (SUNDAY, APRIL 17th, 2022)

TASKS:	GOALS:
☐	★
☐	★
☐	★
☐	★
☐	★
☐	★
☐	
☐	**I'M GRATEFUL FOR:**
☐	♥
☐	♥
☐	♥
☐	♥

Notes:

Most Inspiring Quote:

Name of Allah to Reflect On:

RAMADAN 18th, 1443 (MONDAY, APRIL 18th, 2022)

TASKS:
- [ ]
- [ ]
- [ ]
- [ ]
- [ ]
- [ ]
- [ ]
- [ ]
- [ ]
- [ ]
- [ ]
- [ ]

GOALS:
- ★
- ★
- ★
- ★
- ★
- ★

I'M GRATEFUL FOR:
- ♥
- ♥
- ♥
- ♥

Notes:

Most Inspiring Quote:

Name of Allah to Reflect On:

RAMADAN 19th, 1443 (TUESDAY, APRIL 19th, 2022)

TASKS:
- [ ] _____
- [ ] _____
- [ ] _____
- [ ] _____
- [ ] _____
- [ ] _____
- [ ] _____
- [ ] _____
- [ ] _____
- [ ] _____
- [ ] _____
- [ ] _____

GOALS:
- ★ _____
- ★ _____
- ★ _____
- ★ _____
- ★ _____
- ★ _____

I'M GRATEFUL FOR:
- ♥ _____
- ♥ _____
- ♥ _____
- ♥ _____

Event: Start looking for Laylat-ul-Qadr with late prayers

Notes:

Most Inspiring Quote:

Name of Allah to Reflect On:

RAMADAN 20th, 1443 (WEDNESDAY, APRIL 20th, 2022)

TASKS:
- [ ]
- [ ]
- [ ]
- [ ]
- [ ]
- [ ]
- [ ]
- [ ]
- [ ]
- [ ]
- [ ]
- [ ]

GOALS:
- ★
- ★
- ★
- ★
- ★
- ★

I'M GRATEFUL FOR:
- ♥
- ♥
- ♥
- ♥

Notes:

Most Inspiring Quote:

Name of Allah to Reflect On:

RAMADAN 21st, 1443 (THURSDAY, APRIL 21st, 2022)

TASKS:
- [ ]
- [ ]
- [ ]
- [ ]
- [ ]
- [ ]
- [ ]
- [ ]
- [ ]
- [ ]
- [ ]
- [ ]

GOALS:
- ★
- ★
- ★
- ★
- ★
- ★

I'M GRATEFUL FOR:
- ♥
- ♥
- ♥
- ♥

Notes:

Most Inspiring Quote:

Name of Allah to Reflect On:

RAMADAN 22nd, 1443 (FRIDAY, APRIL 22nd, 2022)

TASKS:
- [ ]
- [ ]
- [ ]
- [ ]
- [ ]
- [ ]
- [ ]
- [ ]
- [ ]
- [ ]
- [ ]
- [ ]

GOALS:
★
★
★
★
★
★

I'M GRATEFUL FOR:
♥
♥
♥
♥

Notes:

Most Inspiring Quote:

Name of Allah to Reflect On:

RAMADAN 23rd, 1443 (SATURDAY, APRIL 23rd, 2022)

TASKS:
- [ ]
- [ ]
- [ ]
- [ ]
- [ ]
- [ ]
- [ ]
- [ ]
- [ ]
- [ ]
- [ ]
- [ ]

GOALS:
- ★
- ★
- ★
- ★
- ★

I'M GRATEFUL FOR:
- ♥
- ♥
- ♥
- ♥

Notes:

Most Inspiring Quote:

Name of Allah to Reflect On:

RAMADAN 24th, 1443 (SUNDAY, APRIL 24th, 2022)

TASKS:
- [ ]
- [ ]
- [ ]
- [ ]
- [ ]
- [ ]
- [ ]
- [ ]
- [ ]
- [ ]
- [ ]
- [ ]

GOALS:
- ★
- ★
- ★
- ★
- ★
- ★

I'M GRATEFUL FOR:
- ♥
- ♥
- ♥
- ♥

Notes:

Most Inspiring Quote:

Name of Allah to Reflect On:

RAMADAN 25th, 1443 (MONDAY, APRIL 25th, 2022)

TASKS:
- [ ]
- [ ]
- [ ]
- [ ]
- [ ]
- [ ]
- [ ]
- [ ]
- [ ]
- [ ]
- [ ]
- [ ]

GOALS:
★
★
★
★
★
★

I'M GRATEFUL FOR:
♥
♥
♥
♥

Notes:

Most Inspiring Quote:

Name of Allah to Reflect On:

RAMADAN 26th, 1443 (TUESDAY, APRIL 26th, 2022)

TASKS:
- [ ] _____
- [ ] _____
- [ ] _____
- [ ] _____
- [ ] _____
- [ ] _____
- [ ] _____
- [ ] _____
- [ ] _____
- [ ] _____
- [ ] _____
- [ ] _____

GOALS:
★ _____
★ _____
★ _____
★ _____
★ _____
★ _____

I'M GRATEFUL FOR:
♥ _____
♥ _____
♥ _____
♥ _____

Notes:

Most Inspiring Quote:

Name of Allah to Reflect On:

RAMADAN 27th, 1443 (WEDNESDAY, APRIL 27th, 2022)

TASKS:
- [ ]
- [ ]
- [ ]
- [ ]
- [ ]
- [ ]
- [ ]
- [ ]
- [ ]
- [ ]
- [ ]
- [ ]

GOALS:
- ★
- ★
- ★
- ★
- ★
- ★

I'M GRATEFUL FOR:
- ♥
- ♥
- ♥
- ♥

Event: Laylat-ul-Qadr

Notes:

Most Inspiring Quote:

Name of Allah to Reflect On:

RAMADAN 28th,1443 (THURSDAY, APRIL 28th, 2022)

TASKS:
- [ ] _____
- [ ] _____
- [ ] _____
- [ ] _____
- [ ] _____
- [ ] _____
- [ ] _____
- [ ] _____
- [ ] _____
- [ ] _____
- [ ] _____
- [ ] _____

GOALS:
★ _____
★ _____
★ _____
★ _____
★ _____
★ _____

I'M GRATEFUL FOR:
♥ _____
♥ _____
♥ _____
♥ _____

Notes:

Most Inspiring Quote:

Name of Allah to Reflect On:

RAMADAN 29th, 1443 (FRIDAY, APRIL 29th, 2022)

TASKS:	GOALS:
☐	★
☐	★
☐	★
☐	★
☐	★
☐	★
☐	
☐	**I'M GRATEFUL FOR:**
☐	♥
☐	♥
☐	♥
☐	♥

Notes:

Most Inspiring Quote:

Name of Allah to Reflect On:

RAMADAN 30th, 1443 (SATURDAY, APRIL 30th, 2022)

TASKS:
- [ ] _____
- [ ] _____
- [ ] _____
- [ ] _____
- [ ] _____
- [ ] _____
- [ ] _____
- [ ] _____
- [ ] _____
- [ ] _____
- [ ] _____
- [ ] _____

GOALS:
- ★ _____
- ★ _____
- ★ _____
- ★ _____
- ★ _____
- ★ _____

I'M GRATEFUL FOR:
- ♥ _____
- ♥ _____
- ♥ _____
- ♥ _____

Notes:

"When all the hats fall, including the friendship, colleague and editor hats because of their duplicity, let them go." — *Papatia Feauxzar*

O Allah, bring this month of Shawwal upon us with security, iman, safety, Islam, your pleasure and protection from shaytan.

Name of Allah to Reflect On:

SHAWWAL 1ˢᵗ,1443 (SUNDAY, MAY 1ˢᵗ, 2022)

TASKS:	GOALS:
☐	★
☐	★
☐	★
☐	★
☐	★
☐	★
☐	
☐	**I'M GRATEFUL FOR:**
☐	♥
☐	♥
☐	♥
☐	♥

Event: Eid al-Fitr

Notes:

"The soul knows. When someone gives you pause, it's either because the soul knows what you don't see about that person; whether it be greatness or great evil. The soul simply knows." — Papatia Feauxzar

Name of Allah to Reflect On:

SHAWWAL 2nd, 1443 (MONDAY, MAY 2nd, 2022)

TASKS:
- [ ]
- [ ]
- [ ]
- [ ]
- [ ]
- [ ]
- [ ]
- [ ]
- [ ]
- [ ]
- [ ]
- [ ]

GOALS:
- ★
- ★
- ★
- ★
- ★

I'M GRATEFUL FOR:
- ♥
- ♥
- ♥
- ♥

Event: Eid al-Fitr

Notes:

Most Inspiring Quote:

Name of Allah to Reflect On:

SHAWWAL 3rd, 1443 (TUESDAY, MAY 3rd, 2022)

TASKS:
- [ ] _____
- [ ] _____
- [ ] _____
- [ ] _____
- [ ] _____
- [ ] _____
- [ ] _____
- [ ] _____
- [ ] _____
- [ ] _____
- [ ] _____
- [ ] _____

GOALS:
★ _____
★ _____
★ _____
★ _____
★ _____
★ _____

I'M GRATEFUL FOR:
♥ _____
♥ _____
♥ _____
♥ _____

Event: Eid al-Fitr

Notes: Start thinking about repaying missed fasts and fasting the six rewarding days of fast of the month of Shawwal.

Most Inspiring Quote:

Name of Allah to Reflect On:

SHAWWAL 4th, 1443 (WEDNESDAY, MAY 4th, 2022)

TASKS:
- [ ]
- [ ]
- [ ]
- [ ]
- [ ]
- [ ]
- [ ]
- [ ]
- [ ]
- [ ]
- [ ]
- [ ]

GOALS:
- ★
- ★
- ★
- ★
- ★
- ★

I'M GRATEFUL FOR:
- ♥
- ♥
- ♥
- ♥

Notes:

Most Inspiring Quote:

Name of Allah to Reflect On:

SHAWWAL 5th, 1443 (THURSDAY, MAY 5th, 2022)

TASKS:
- [ ]
- [ ]
- [ ]
- [ ]
- [ ]
- [ ]
- [ ]
- [ ]
- [ ]
- [ ]
- [ ]
- [ ]

GOALS:
★
★
★
★
★
★

I'M GRATEFUL FOR:
♥
♥
♥
♥

Notes:

Most Inspiring Quote:

Name of Allah to Reflect On:

SHAWWAL 6th, 1443 (FRIDAY, MAY 6th, 2022)

TASKS:
- [ ]
- [ ]
- [ ]
- [ ]
- [ ]
- [ ]
- [ ]
- [ ]
- [ ]
- [ ]
- [ ]
- [ ]

GOALS:
- ★
- ★
- ★
- ★
- ★
- ★

I'M GRATEFUL FOR:
- ♥
- ♥
- ♥
- ♥

Notes:

Most Inspiring Quote:

Name of Allah to Reflect On:

SHAWWAL 7th, 1443 (SATURDAY, MAY 7th, 2022)

TASKS:
- [ ]
- [ ]
- [ ]
- [ ]
- [ ]
- [ ]
- [ ]
- [ ]
- [ ]
- [ ]
- [ ]
- [ ]

GOALS:
★
★
★
★
★
★

I'M GRATEFUL FOR:
♥
♥
♥
♥

Notes:

Most Inspiring Quote:

Name of Allah to Reflect On:

SHAWWAL 8th, 1443 (SUNDAY, MAY 8th, 2022)

TASKS:
- [ ]
- [ ]
- [ ]
- [ ]
- [ ]
- [ ]
- [ ]
- [ ]
- [ ]
- [ ]
- [ ]
- [ ]

GOALS:
- ★
- ★
- ★
- ★
- ★

I'M GRATEFUL FOR:
- ♥
- ♥
- ♥
- ♥

Notes:

Most Inspiring Quote:

Name of Allah to Reflect On:

SHAWWAL 9th, 1443 (MONDAY, MAY 9th, 2022)

TASKS:
- [ ]
- [ ]
- [ ]
- [ ]
- [ ]
- [ ]
- [ ]
- [ ]
- [ ]
- [ ]
- [ ]
- [ ]

GOALS:
- ★
- ★
- ★
- ★
- ★
- ★

I'M GRATEFUL FOR:
- ♥
- ♥
- ♥
- ♥

Notes:

Most Inspiring Quote:

Name of Allah to Reflect On:

SHAWWAL 10th, 1443 (TUESDAY, MAY 10th, 2022)

TASKS:
- [ ]
- [ ]
- [ ]
- [ ]
- [ ]
- [ ]
- [ ]
- [ ]
- [ ]
- [ ]
- [ ]
- [ ]

GOALS:
- ★
- ★
- ★
- ★
- ★

I'M GRATEFUL FOR:
- ♥
- ♥
- ♥
- ♥

Notes:

Most Inspiring Quote:

Name of Allah to Reflect On:

SHAWWAL 11th, 1443 (WEDNESDAY, MAY 11th, 2022)

TASKS:
- [ ]
- [ ]
- [ ]
- [ ]
- [ ]
- [ ]
- [ ]
- [ ]
- [ ]
- [ ]
- [ ]
- [ ]

GOALS:
- ★
- ★
- ★
- ★
- ★
- ★

I'M GRATEFUL FOR:
- ♥
- ♥
- ♥
- ♥

Notes:

Most Inspiring Quote:

Name of Allah to Reflect On:

SHAWWAL 12th, 1443 (THURSDAY, MAY 12th, 2022)

TASKS:
- [ ]
- [ ]
- [ ]
- [ ]
- [ ]
- [ ]
- [ ]
- [ ]
- [ ]
- [ ]
- [ ]
- [ ]

GOALS:
- ★
- ★
- ★
- ★
- ★
- ★

I'M GRATEFUL FOR:
- ♥
- ♥
- ♥
- ♥

Notes:

Most Inspiring Quote:

Name of Allah to Reflect On:

SHAWWAL 13th, 1443 (FRIDAY, MAY 13th, 2022)

TASKS:
- [ ]
- [ ]
- [ ]
- [ ]
- [ ]
- [ ]
- [ ]
- [ ]
- [ ]
- [ ]
- [ ]
- [ ]

GOALS:
★
★
★
★
★
★

I'M GRATEFUL FOR:
♥
♥
♥
♥

Notes:

Most Inspiring Quote:

Name of Allah to Reflect On:

SHAWWAL 14th, 1443 (SATURDAY, MAY 14th, 2022)

TASKS:
- [ ]
- [ ]
- [ ]
- [ ]
- [ ]
- [ ]
- [ ]
- [ ]
- [ ]
- [ ]
- [ ]
- [ ]

GOALS:
- ★
- ★
- ★
- ★
- ★

I'M GRATEFUL FOR:
- ♥
- ♥
- ♥
- ♥

Notes:

Most Inspiring Quote:

Name of Allah to Reflect On:

SHAWWAL 15th, 1443 (SUNDAY, MAY 15th, 2022)

TASKS:
- [ ]
- [ ]
- [ ]
- [ ]
- [ ]
- [ ]
- [ ]
- [ ]
- [ ]
- [ ]
- [ ]
- [ ]

GOALS:
- ★
- ★
- ★
- ★
- ★
- ★

I'M GRATEFUL FOR:
- ♥
- ♥
- ♥
- ♥

Notes:

Most Inspiring Quote:

Name of Allah to Reflect On:

SHAWWAL 16th, 1443 (MONDAY, MAY 16th, 2022)

TASKS:
- [ ]
- [ ]
- [ ]
- [ ]
- [ ]
- [ ]
- [ ]
- [ ]
- [ ]
- [ ]
- [ ]
- [ ]

GOALS:
- ★
- ★
- ★
- ★
- ★
- ★

I'M GRATEFUL FOR:
- ♥
- ♥
- ♥
- ♥

Notes:

Most Inspiring Quote:

Name of Allah to Reflect On:

SHAWWAL 17th, 1443 (TUESDAY, MAY 17th, 2022)

TASKS:
- [ ]
- [ ]
- [ ]
- [ ]
- [ ]
- [ ]
- [ ]
- [ ]
- [ ]
- [ ]
- [ ]
- [ ]

GOALS:
- ★
- ★
- ★
- ★
- ★
- ★

I'M GRATEFUL FOR:
- ♥
- ♥
- ♥
- ♥

Notes:

Most Inspiring Quote:

Name of Allah to Reflect On:

SHAWWAL 18th, 1443 (WEDNESDAY, MAY 18th, 2022)

TASKS:
- [ ]
- [ ]
- [ ]
- [ ]
- [ ]
- [ ]
- [ ]
- [ ]
- [ ]
- [ ]
- [ ]
- [ ]

GOALS:
- ★
- ★
- ★
- ★
- ★
- ★

I'M GRATEFUL FOR:
- ♥
- ♥
- ♥
- ♥

Notes:

Most Inspiring Quote:

Name of Allah to Reflect On:

SHAWWAL 19th, 1443 (THURSDAY, MAY 19th, 2022)

TASKS:
- [ ]
- [ ]
- [ ]
- [ ]
- [ ]
- [ ]
- [ ]
- [ ]
- [ ]
- [ ]
- [ ]
- [ ]

GOALS:
- ★
- ★
- ★
- ★
- ★
- ★

I'M GRATEFUL FOR:
- ♥
- ♥
- ♥
- ♥

Notes:

Most Inspiring Quote:

Name of Allah to Reflect On:

SHAWWAL 20th, 1443 (FRIDAY, MAY 20th, 2022)

TASKS:
- [ ]
- [ ]
- [ ]
- [ ]
- [ ]
- [ ]
- [ ]
- [ ]
- [ ]
- [ ]
- [ ]
- [ ]

GOALS:
- ★
- ★
- ★
- ★
- ★
- ★

I'M GRATEFUL FOR:
- ♥
- ♥
- ♥
- ♥

Notes:

Most Inspiring Quote:

Name of Allah to Reflect On:

SHAWWAL 21st, 1443 (SATURDAY, MAY 21st, 2022)

TASKS:
- [ ]
- [ ]
- [ ]
- [ ]
- [ ]
- [ ]
- [ ]
- [ ]
- [ ]
- [ ]
- [ ]
- [ ]

GOALS:
- ★
- ★
- ★
- ★
- ★
- ★

I'M GRATEFUL FOR:
- ♥
- ♥
- ♥
- ♥

Notes:

Most Inspiring Quote:

Name of Allah to Reflect On:

SHAWWAL 22nd, 1443 (SUNDAY, MAY 22nd, 2022)

TASKS:
- [ ]
- [ ]
- [ ]
- [ ]
- [ ]
- [ ]
- [ ]
- [ ]
- [ ]
- [ ]
- [ ]
- [ ]

GOALS:
- ★
- ★
- ★
- ★
- ★

I'M GRATEFUL FOR:
- ♥
- ♥
- ♥
- ♥

Notes:

Most Inspiring Quote:

Name of Allah to Reflect On:

SHAWWAL 23rd, 1443 (MONDAY, MAY 23rd, 2022)

TASKS:
- [ ]
- [ ]
- [ ]
- [ ]
- [ ]
- [ ]
- [ ]
- [ ]
- [ ]
- [ ]
- [ ]
- [ ]

GOALS:
- ★
- ★
- ★
- ★
- ★
- ★

I'M GRATEFUL FOR:
- ♥
- ♥
- ♥
- ♥

Notes:

Most Inspiring Quote:

Name of Allah to Reflect On:

SHAWWAL 24th, 1443 (TUESDAY, MAY 24th, 2022)

TASKS:
- [ ]
- [ ]
- [ ]
- [ ]
- [ ]
- [ ]
- [ ]
- [ ]
- [ ]
- [ ]
- [ ]
- [ ]

GOALS:
- ★
- ★
- ★
- ★
- ★
- ★

I'M GRATEFUL FOR:
- ♥
- ♥
- ♥
- ♥

Notes:

Most Inspiring Quote:

Name of Allah to Reflect On:

SHAWWAL 25th, 1443 (WEDNESDAY, MAY 25th, 2022)

TASKS:
- [ ]
- [ ]
- [ ]
- [ ]
- [ ]
- [ ]
- [ ]
- [ ]
- [ ]
- [ ]
- [ ]
- [ ]

GOALS:
- ★
- ★
- ★
- ★
- ★
- ★

I'M GRATEFUL FOR:
- ♥
- ♥
- ♥
- ♥

Notes:

Most Inspiring Quote:

Name of Allah to Reflect On:

SHAWWAL 26th, 1443 (THURSDAY, MAY 26th, 2022)

TASKS:
- [ ]
- [ ]
- [ ]
- [ ]
- [ ]
- [ ]
- [ ]
- [ ]
- [ ]
- [ ]
- [ ]
- [ ]

GOALS:
★
★
★
★
★
★

I'M GRATEFUL FOR:
♥
♥
♥
♥

Notes:

Most Inspiring Quote:

Name of Allah to Reflect On:

SHAWWAL 27th, 1443 (FRIDAY, MAY 27th, 2022)

TASKS:
- [ ]
- [ ]
- [ ]
- [ ]
- [ ]
- [ ]
- [ ]
- [ ]
- [ ]
- [ ]
- [ ]
- [ ]

GOALS:
- ★
- ★
- ★
- ★
- ★
- ★

I'M GRATEFUL FOR:
- ♥
- ♥
- ♥
- ♥

Notes:

Most Inspiring Quote:

Name of Allah to Reflect On:

SHAWWAL 28th, 1443 (SATURDAY, MAY 28th, 2022)

TASKS:
- [ ]
- [ ]
- [ ]
- [ ]
- [ ]
- [ ]
- [ ]
- [ ]
- [ ]
- [ ]
- [ ]
- [ ]

GOALS:
★
★
★
★
★
★

I'M GRATEFUL FOR:
♥
♥
♥
♥

Notes:

Most Inspiring Quote:

Name of Allah to Reflect On:

SHAWWAL 29th, 1443 (SUNDAY, MAY 29th, 2022)

TASKS:
- [ ]
- [ ]
- [ ]
- [ ]
- [ ]
- [ ]
- [ ]
- [ ]
- [ ]
- [ ]
- [ ]
- [ ]

GOALS:
- ★
- ★
- ★
- ★
- ★
- ★

I'M GRATEFUL FOR:
- ♥
- ♥
- ♥
- ♥

Notes:

"When your business hat also falls, block them no matter the amount of money you get from them. Show them that you don't worship money. Value your peace of mind more." — Papatia Feauxzar

O Allah, bring this month of Dhul-Qadah upon us with security, iman, safety, Islam, your pleasure and protection from shaytan.

Name of Allah to Reflect On:

DHUL-QADAH 1st, 1443 (MONDAY, MAY 30th, 2022)

TASKS:
- [ ]
- [ ]
- [ ]
- [ ]
- [ ]
- [ ]
- [ ]
- [ ]
- [ ]
- [ ]
- [ ]
- [ ]

GOALS:
★
★
★
★
★
★

I'M GRATEFUL FOR:
♥
♥
♥
♥

Notes:

"Sometimes, pass the smell of good smelling coffee. Your sanity and self-care highly depend on it." — *Fofky*

Name of Allah to Reflect On:

DHUL-QADAH 2nd, 1443 (TUESDAY, MAY 31st, 2022)

TASKS:
- [ ]
- [ ]
- [ ]
- [ ]
- [ ]
- [ ]
- [ ]
- [ ]
- [ ]
- [ ]
- [ ]
- [ ]

GOALS:
- ★
- ★
- ★
- ★
- ★

I'M GRATEFUL FOR:
- ♥
- ♥
- ♥
- ♥

Notes:

Most Inspiring Quote:

Name of Allah to Reflect On:

DHUL-QADAH 3rd, 1443 (WEDNESDAY, JUNE 1st, 2022)

TASKS:
- [ ] _____
- [ ] _____
- [ ] _____
- [ ] _____
- [ ] _____
- [ ] _____
- [ ] _____
- [ ] _____
- [ ] _____
- [ ] _____
- [ ] _____
- [ ] _____

GOALS:
★ _____
★ _____
★ _____
★ _____
★ _____
★ _____

I'M GRATEFUL FOR:
♥ _____
♥ _____
♥ _____
♥ _____

Notes:

Most Inspiring Quote:

Name of Allah to Reflect On:

DHUL-QADAH 4th, 1443 (THURSDAY, JUNE 2nd, 2022)

TASKS:
- ☐
- ☐
- ☐
- ☐
- ☐
- ☐
- ☐
- ☐
- ☐
- ☐
- ☐
- ☐

GOALS:
- ★
- ★
- ★
- ★
- ★

I'M GRATEFUL FOR:
- ♥
- ♥
- ♥
- ♥

Notes:

Most Inspiring Quote:

Name of Allah to Reflect On:

DHUL-QADAH 5th, 1443 (FRIDAY, JUNE 3rd, 2022)

TASKS:
- ☐
- ☐
- ☐
- ☐
- ☐
- ☐
- ☐
- ☐
- ☐
- ☐
- ☐
- ☐

GOALS:
- ★
- ★
- ★
- ★
- ★
- ★

I'M GRATEFUL FOR:
- ♥
- ♥
- ♥
- ♥

Notes:

Most Inspiring Quote:

Name of Allah to Reflect On:

DHUL-QADAH 6th, 1443 (SATURDAY, JUNE 4th, 2022)

TASKS:
- [ ]
- [ ]
- [ ]
- [ ]
- [ ]
- [ ]
- [ ]
- [ ]
- [ ]
- [ ]
- [ ]
- [ ]

GOALS:
- ★
- ★
- ★
- ★
- ★

I'M GRATEFUL FOR:
- ♥
- ♥
- ♥
- ♥

Notes:

Most Inspiring Quote:

Name of Allah to Reflect On:

DHUL-QADAH 7th, 1443 (SUNDAY, JUNE 5th, 2022)

TASKS:
- [ ]
- [ ]
- [ ]
- [ ]
- [ ]
- [ ]
- [ ]
- [ ]
- [ ]
- [ ]
- [ ]
- [ ]

GOALS:
- ★
- ★
- ★
- ★
- ★
- ★

I'M GRATEFUL FOR:
- ♥
- ♥
- ♥
- ♥

Notes:

Most Inspiring Quote:

Name of Allah to Reflect On:

DHUL-QADAH 8th, 1443 (MONDAY, JUNE 6th, 2022)

TASKS:
- [ ] _____
- [ ] _____
- [ ] _____
- [ ] _____
- [ ] _____
- [ ] _____
- [ ] _____
- [ ] _____
- [ ] _____
- [ ] _____
- [ ] _____
- [ ] _____

GOALS:
★ _____
★ _____
★ _____
★ _____
★ _____
★ _____

I'M GRATEFUL FOR:
♥ _____
♥ _____
♥ _____
♥ _____

Notes:

Most Inspiring Quote:

Name of Allah to Reflect On:

DHUL-QADAH 9th, 1443 (TUESDAY, JUNE 7th, 2022)

TASKS:
- [ ]
- [ ]
- [ ]
- [ ]
- [ ]
- [ ]
- [ ]
- [ ]
- [ ]
- [ ]
- [ ]
- [ ]

GOALS:
- ★
- ★
- ★
- ★
- ★
- ★

I'M GRATEFUL FOR:
- ♥
- ♥
- ♥
- ♥

Notes:

Most Inspiring Quote:

Name of Allah to Reflect On:

DHUL-QADAH 10th, 1443 (WEDNESDAY, JUNE 8th, 2022)

TASKS:
- [ ]
- [ ]
- [ ]
- [ ]
- [ ]
- [ ]
- [ ]
- [ ]
- [ ]
- [ ]
- [ ]
- [ ]

GOALS:
- ★
- ★
- ★
- ★
- ★
- ★

I'M GRATEFUL FOR:
- ♥
- ♥
- ♥
- ♥

Notes:

Most Inspiring Quote:

Name of Allah to Reflect On:

DHUL-QADAH 11th, 1443 (THURSDAY, JUNE 9th, 2022)

TASKS:
- [ ]
- [ ]
- [ ]
- [ ]
- [ ]
- [ ]
- [ ]
- [ ]
- [ ]
- [ ]
- [ ]
- [ ]

GOALS:
- ★
- ★
- ★
- ★
- ★
- ★

I'M GRATEFUL FOR:
- ♥
- ♥
- ♥
- ♥

Notes:

Most Inspiring Quote:

Name of Allah to Reflect On:

DHUL-QADAH 12th, 1443 (FRIDAY, JUNE 10th, 2022)

TASKS:
- [ ]
- [ ]
- [ ]
- [ ]
- [ ]
- [ ]
- [ ]
- [ ]
- [ ]
- [ ]
- [ ]
- [ ]

GOALS:
- ★
- ★
- ★
- ★
- ★
- ★

I'M GRATEFUL FOR:
- ♥
- ♥
- ♥
- ♥

Notes:

Most Inspiring Quote:

Name of Allah to Reflect On:

DHUL-QADAH 13th, 1443 (SATURDAY, JUNE 11th, 2022)

TASKS:
- [ ] _____
- [ ] _____
- [ ] _____
- [ ] _____
- [ ] _____
- [ ] _____
- [ ] _____
- [ ] _____
- [ ] _____
- [ ] _____
- [ ] _____
- [ ] _____

GOALS:
★ _____
★ _____
★ _____
★ _____
★ _____

I'M GRATEFUL FOR:
♥ _____
♥ _____
♥ _____
♥ _____

Notes:

Most Inspiring Quote:

Name of Allah to Reflect On:

DHUL-QADAH 14th, 1443 (SUNDAY, JUNE 12th, 2022)

TASKS:
- [ ] _____
- [ ] _____
- [ ] _____
- [ ] _____
- [ ] _____
- [ ] _____
- [ ] _____
- [ ] _____
- [ ] _____
- [ ] _____
- [ ] _____
- [ ] _____

GOALS:
- ★ _____
- ★ _____
- ★ _____
- ★ _____
- ★ _____
- ★ _____

I'M GRATEFUL FOR:
- ♥ _____
- ♥ _____
- ♥ _____
- ♥ _____

Notes:

Most Inspiring Quote:

Name of Allah to Reflect On:

DHUL-QADAH 15th, 1443 (MONDAY, JUNE 13th, 2022)

TASKS:
- ☐ _____
- ☐ _____
- ☐ _____
- ☐ _____
- ☐ _____
- ☐ _____
- ☐ _____
- ☐ _____
- ☐ _____
- ☐ _____
- ☐ _____
- ☐ _____

GOALS:
- ★ _____
- ★ _____
- ★ _____
- ★ _____
- ★ _____
- ★ _____

I'M GRATEFUL FOR:
- ♥ _____
- ♥ _____
- ♥ _____
- ♥ _____

Notes:

Most Inspiring Quote:

Name of Allah to Reflect On:

DHUL-QADAH 16th, 1443 (TUESDAY, JUNE 14th, 2022)

TASKS:
- ☐
- ☐
- ☐
- ☐
- ☐
- ☐
- ☐
- ☐
- ☐
- ☐
- ☐
- ☐

GOALS:
- ★
- ★
- ★
- ★
- ★
- ★

I'M GRATEFUL FOR:
- ♥
- ♥
- ♥
- ♥

Notes:

Most Inspiring Quote:

Name of Allah to Reflect On:

DHUL-QADAH 17th, 1443 (WEDNESDAY, JUNE 15th, 2022)

TASKS:
- [ ]
- [ ]
- [ ]
- [ ]
- [ ]
- [ ]
- [ ]
- [ ]
- [ ]
- [ ]
- [ ]
- [ ]

GOALS:
- ★
- ★
- ★
- ★
- ★
- ★

I'M GRATEFUL FOR:
- ♥
- ♥
- ♥
- ♥

Notes:

Most Inspiring Quote:

Name of Allah to Reflect On:

DHUL-QADAH 18th, 1443 (THURSDAY, JUNE 16th, 2022)

TASKS:
- ☐
- ☐
- ☐
- ☐
- ☐
- ☐
- ☐
- ☐
- ☐
- ☐
- ☐
- ☐

GOALS:
- ★
- ★
- ★
- ★
- ★

I'M GRATEFUL FOR:
- ♥
- ♥
- ♥
- ♥

Notes:

Most Inspiring Quote:

Name of Allah to Reflect On:

DHUL-QADAH 19th, 1443 (FRIDAY, JUNE 17th, 2022)

TASKS:
- ☐ _____
- ☐ _____
- ☐ _____
- ☐ _____
- ☐ _____
- ☐ _____
- ☐ _____
- ☐ _____
- ☐ _____
- ☐ _____
- ☐ _____
- ☐ _____

GOALS:
- ★ _____
- ★ _____
- ★ _____
- ★ _____
- ★ _____

I'M GRATEFUL FOR:
- ♥ _____
- ♥ _____
- ♥ _____
- ♥ _____

Notes:

Most Inspiring Quote:

Name of Allah to Reflect On:

DHUL-QADAH 20th, 1443 (SATURDAY, JUNE 18th, 2022)

TASKS:
- [ ] _____
- [ ] _____
- [ ] _____
- [ ] _____
- [ ] _____
- [ ] _____
- [ ] _____
- [ ] _____
- [ ] _____
- [ ] _____
- [ ] _____
- [ ] _____

GOALS:
- ★ _____
- ★ _____
- ★ _____
- ★ _____
- ★ _____

I'M GRATEFUL FOR:
- ♥ _____
- ♥ _____
- ♥ _____
- ♥ _____

Notes:

Most Inspiring Quote:

Name of Allah to Reflect On:

DHUL-QADAH 21st, 1443 (SUNDAY, JUNE 19th, 2022)

TASKS:
- [ ]
- [ ]
- [ ]
- [ ]
- [ ]
- [ ]
- [ ]
- [ ]
- [ ]
- [ ]
- [ ]
- [ ]

GOALS:
★
★
★
★
★
★

I'M GRATEFUL FOR:
♥
♥
♥
♥

Notes:

Most Inspiring Quote:

Name of Allah to Reflect On:

DHUL-QADAH 22nd, 1443 (MONDAY, JUNE 20th, 2022)

TASKS:
- [ ] ___
- [ ] ___
- [ ] ___
- [ ] ___
- [ ] ___
- [ ] ___
- [ ] ___
- [ ] ___
- [ ] ___
- [ ] ___
- [ ] ___
- [ ] ___

GOALS:
★ ___
★ ___
★ ___
★ ___
★ ___
★ ___

I'M GRATEFUL FOR:
♥ ___
♥ ___
♥ ___
♥ ___

Notes:

Most Inspiring Quote:

Name of Allah to Reflect On:

DHUL-QADAH 23rd, 1443 (TUESDAY, JUNE 21st, 2022)

TASKS:
- [ ]
- [ ]
- [ ]
- [ ]
- [ ]
- [ ]
- [ ]
- [ ]
- [ ]
- [ ]
- [ ]
- [ ]

GOALS:
★
★
★
★
★

I'M GRATEFUL FOR:
♥
♥
♥
♥

Notes:

Most Inspiring Quote:

Name of Allah to Reflect On:

DHUL-QADAH 24th, 1443 (WEDNESDAY, JUNE 22nd, 2022)

TASKS:	GOALS:
☐	★
☐	★
☐	★
☐	★
☐	★
☐	★
☐	
☐	**I'M GRATEFUL FOR:**
☐	♥
☐	♥
☐	♥
☐	♥

Notes:

Most Inspiring Quote:

Name of Allah to Reflect On:

DHUL-QADAH 25th, 1443 (THURSDAY, JUNE 23rd, 2022)

TASKS:
- [ ]
- [ ]
- [ ]
- [ ]
- [ ]
- [ ]
- [ ]
- [ ]
- [ ]
- [ ]
- [ ]
- [ ]

GOALS:
★
★
★
★
★

I'M GRATEFUL FOR:
♥
♥
♥
♥

Notes:

Most Inspiring Quote:

Name of Allah to Reflect On:

DHUL-QADAH 26th, 1443 (FRIDAY, JUNE 24th, 2022)

TASKS:
- [ ] _____
- [ ] _____
- [ ] _____
- [ ] _____
- [ ] _____
- [ ] _____
- [ ] _____
- [ ] _____
- [ ] _____
- [ ] _____
- [ ] _____
- [ ] _____

GOALS:
★ _____
★ _____
★ _____
★ _____
★ _____
★ _____

I'M GRATEFUL FOR:
♥ _____
♥ _____
♥ _____
♥ _____

Notes:

Most Inspiring Quote:

Name of Allah to Reflect On:

DHUL-QADAH 27th, 1443 (SATURDAY, JUNE 25th, 2022)

TASKS:
- [ ]
- [ ]
- [ ]
- [ ]
- [ ]
- [ ]
- [ ]
- [ ]
- [ ]
- [ ]
- [ ]
- [ ]

GOALS:
- ★
- ★
- ★
- ★
- ★
- ★

I'M GRATEFUL FOR:
- ♥
- ♥
- ♥
- ♥

Notes:

Most Inspiring Quote:

Name of Allah to Reflect On:

DHUL-QADAH 28th, 1443 (SUNDAY, JUNE 26th, 2022)

TASKS:
- [ ]
- [ ]
- [ ]
- [ ]
- [ ]
- [ ]
- [ ]
- [ ]
- [ ]
- [ ]
- [ ]
- [ ]

GOALS:
- ★
- ★
- ★
- ★
- ★
- ★

I'M GRATEFUL FOR:
- ♥
- ♥
- ♥
- ♥

Notes:

Most Inspiring Quote:

Name of Allah to Reflect On:

DHUL-QADAH 29th, 1443 (MONDAY, JUNE 27th, 2022)

TASKS:
- ☐ _____
- ☐ _____
- ☐ _____
- ☐ _____
- ☐ _____
- ☐ _____
- ☐ _____
- ☐ _____
- ☐ _____
- ☐ _____
- ☐ _____
- ☐ _____

GOALS:
- ★ _____
- ★ _____
- ★ _____
- ★ _____
- ★ _____
- ★ _____

I'M GRATEFUL FOR:
- ♥ _____
- ♥ _____
- ♥ _____
- ♥ _____

Notes:

Most Inspiring Quote:

Name of Allah to Reflect On:

DHUL-QADAH 30th, 1443 (TUESDAY, JUNE 28th, 2022)

TASKS:
- [ ]
- [ ]
- [ ]
- [ ]
- [ ]
- [ ]
- [ ]
- [ ]
- [ ]
- [ ]
- [ ]
- [ ]

GOALS:
★
★
★
★
★
★

I'M GRATEFUL FOR:
♥
♥
♥
♥

Notes:

"Don't skip days in your shahada by celebrating non-Muslim events." — Papatia Feauxzar

O Allah, bring this month of Dhul-Hijjah upon us with security, iman, safety, Islam, your pleasure and protection from shaytan.

Name of Allah to Reflect On:

DHUL-HIJJAH 1ˢᵗ, 1443 (WEDNESDAY, JUNE 29ᵗʰ, 2022)

TASKS:
- ☐ _____
- ☐ _____
- ☐ _____
- ☐ _____
- ☐ _____
- ☐ _____
- ☐ _____
- ☐ _____
- ☐ _____
- ☐ _____
- ☐ _____
- ☐ _____

GOALS:
- ★ _____
- ★ _____
- ★ _____
- ★ _____
- ★ _____
- ★ _____

I'M GRATEFUL FOR:
- ♥ _____
- ♥ _____
- ♥ _____
- ♥ _____

Notes:

"Don't let people mistake your smiling face for dumbness or abuse your kindness. Simply put, don't let them gaslight you. Set them straight the minute they step on your toes." — Papatia Feauxzar

Name of Allah to Reflect On:

DHUL-HIJJAH 2nd, 1443 (THURSDAY, JUNE 30th, 2022)

TASKS:
- [ ]
- [ ]
- [ ]
- [ ]
- [ ]
- [ ]
- [ ]
- [ ]
- [ ]
- [ ]
- [ ]
- [ ]

GOALS:
★
★
★
★
★
★

I'M GRATEFUL FOR:
♥
♥
♥
♥

Notes:

Most Inspiring Quote:

Name of Allah to Reflect On:

DHUL-HIJJAH 3rd, 1443 (FRIDAY, JULY 1st, 2022)

TASKS:
- [ ]
- [ ]
- [ ]
- [ ]
- [ ]
- [ ]
- [ ]
- [ ]
- [ ]
- [ ]
- [ ]
- [ ]

GOALS:
- ★
- ★
- ★
- ★
- ★
- ★

I'M GRATEFUL FOR:
- ♥
- ♥
- ♥
- ♥

Notes:

Most Inspiring Quote:

Name of Allah to Reflect On:

DHUL-HIJJAH 4th,1443 (SATURDAY, JULY 2, 2022)

TASKS:
- [ ]
- [ ]
- [ ]
- [ ]
- [ ]
- [ ]
- [ ]
- [ ]
- [ ]
- [ ]
- [ ]
- [ ]

GOALS:
- ★
- ★
- ★
- ★
- ★
- ★

I'M GRATEFUL FOR:
- ♥
- ♥
- ♥
- ♥

Notes:

Most Inspiring Quote:

Name of Allah to Reflect On:

DHUL-HIJJAH 5th, 1443 (SUNDAY, JULY 3rd, 2022)

TASKS:
- [ ]
- [ ]
- [ ]
- [ ]
- [ ]
- [ ]
- [ ]
- [ ]
- [ ]
- [ ]
- [ ]
- [ ]

GOALS:
★
★
★
★
★
★

I'M GRATEFUL FOR:
♥
♥
♥
♥

Notes:

Most Inspiring Quote:

Name of Allah to Reflect On:

DHUL-HIJJAH 6th, 1443 (MONDAY, JULY 4th, 2022)

TASKS:
- [ ] _____
- [ ] _____
- [ ] _____
- [ ] _____
- [ ] _____
- [ ] _____
- [ ] _____
- [ ] _____
- [ ] _____
- [ ] _____
- [ ] _____
- [ ] _____

GOALS:
★ _____
★ _____
★ _____
★ _____
★ _____
★ _____

I'M GRATEFUL FOR:
♥ _____
♥ _____
♥ _____
♥ _____

Notes:

Most Inspiring Quote:

Name of Allah to Reflect On:

DHUL-HIJJAH 7th, 1443 (TUESDAY, JULY 5th, 2022)

TASKS:
- [ ]
- [ ]
- [ ]
- [ ]
- [ ]
- [ ]
- [ ]
- [ ]
- [ ]
- [ ]
- [ ]
- [ ]

GOALS:
- ★
- ★
- ★
- ★
- ★
- ★

I'M GRATEFUL FOR:
- ♥
- ♥
- ♥
- ♥

Notes:

Most Inspiring Quote:

Name of Allah to Reflect On:

DHUL-HIJJAH 8th, 1443 (WEDNESDAY, JULY 6th, 2022)

TASKS:
- [ ]
- [ ]
- [ ]
- [ ]
- [ ]
- [ ]
- [ ]
- [ ]
- [ ]
- [ ]
- [ ]
- [ ]

GOALS:
- ★
- ★
- ★
- ★
- ★
- ★

I'M GRATEFUL FOR:
- ♥
- ♥
- ♥
- ♥

Event: Hajj Begins

Notes:

Most Inspiring Quote:

Name of Allah to Reflect On:

DHUL-HIJJAH 9th, 1443 (THURSDAY, JULY 7th, 2022)

TASKS:
- [ ]
- [ ]
- [ ]
- [ ]
- [ ]
- [ ]
- [ ]
- [ ]
- [ ]
- [ ]
- [ ]
- [ ]

GOALS:
- ★
- ★
- ★
- ★
- ★
- ★

I'M GRATEFUL FOR:
- ♥
- ♥
- ♥
- ♥

Notes:

Most Inspiring Quote:

Name of Allah to Reflect On:

DHUL-HIJJAH 10th, 1443 (FRIDAY, JULY 8th, 2022)

TASKS:
- [ ]
- [ ]
- [ ]
- [ ]
- [ ]
- [ ]
- [ ]
- [ ]
- [ ]
- [ ]
- [ ]
- [ ]

GOALS:
- ★
- ★
- ★
- ★
- ★
- ★

I'M GRATEFUL FOR:
- ♥
- ♥
- ♥
- ♥

Event: Arafat

Notes:

Most Inspiring Quote:

Name of Allah to Reflect On:

DHUL-HIJJAH 11th, 1443 (SATURDAY, JULY 9th, 2022)

TASKS:
- [ ]
- [ ]
- [ ]
- [ ]
- [ ]
- [ ]
- [ ]
- [ ]
- [ ]
- [ ]
- [ ]
- [ ]

GOALS:
- ★
- ★
- ★
- ★
- ★
- ★

I'M GRATEFUL FOR:
- ♥
- ♥
- ♥
- ♥

Event: Eid al-Adha

Notes:

Most Inspiring Quote:

Name of Allah to Reflect On:

DHUL-HIJJAH 12th, 1443 (SUNDAY, JULY 10th, 2022)

TASKS:
- [ ]
- [ ]
- [ ]
- [ ]
- [ ]
- [ ]
- [ ]
- [ ]
- [ ]
- [ ]
- [ ]
- [ ]

GOALS:
- ★
- ★
- ★
- ★
- ★
- ★

I'M GRATEFUL FOR:
- ♥
- ♥
- ♥
- ♥

Event: Hajj Ends

Notes:

Most Inspiring Quote:

Name of Allah to Reflect On:

DHUL-HIJJAH 13th, 1443 (MONDAY, JULY 11th, 2022)

TASKS:
- [ ]
- [ ]
- [ ]
- [ ]
- [ ]
- [ ]
- [ ]
- [ ]
- [ ]
- [ ]
- [ ]
- [ ]

GOALS:
- ★
- ★
- ★
- ★
- ★
- ★

I'M GRATEFUL FOR:
- ♥
- ♥
- ♥
- ♥

Notes:

Most Inspiring Quote:

Name of Allah to Reflect On:

DHUL-HIJJAH 14th, 1443 (TUESDAY, JULY 12th, 2022)

TASKS:
- [ ]
- [ ]
- [ ]
- [ ]
- [ ]
- [ ]
- [ ]
- [ ]
- [ ]
- [ ]
- [ ]
- [ ]

GOALS:
- ★
- ★
- ★
- ★
- ★
- ★

I'M GRATEFUL FOR:
- ♥
- ♥
- ♥
- ♥

Notes:

Most Inspiring Quote:

Name of Allah to Reflect On:

DHUL-HIJJAH 15th, 1443 (WEDNESDAY, JULY 13th, 2022)

TASKS:
- [ ]
- [ ]
- [ ]
- [ ]
- [ ]
- [ ]
- [ ]
- [ ]
- [ ]
- [ ]
- [ ]
- [ ]

GOALS:
- ★
- ★
- ★
- ★
- ★
- ★

I'M GRATEFUL FOR:
- ♥
- ♥
- ♥
- ♥

Notes:

Most Inspiring Quote:

Name of Allah to Reflect On:

DHUL-HIJJAH 16th, 1443 (THURSDAY, JULY 14th, 2022)

TASKS:
- [ ]
- [ ]
- [ ]
- [ ]
- [ ]
- [ ]
- [ ]
- [ ]
- [ ]
- [ ]
- [ ]
- [ ]

GOALS:
★
★
★
★
★

I'M GRATEFUL FOR:
♥
♥
♥
♥

Notes:

Most Inspiring Quote:

Name of Allah to Reflect On:

DHUL-HIJJAH 17th, 1443 (FRIDAY, JULY 15th, 2022)

TASKS:	GOALS:
☐	★
☐	★
☐	★
☐	★
☐	★
☐	★
☐	
☐	**I'M GRATEFUL FOR:**
☐	♥
☐	♥
☐	♥
☐	♥

Notes:

Most Inspiring Quote:

Name of Allah to Reflect On:

DHUL-HIJJAH 18th, 1443 (SATURDAY, JULY 16th, 2022)

TASKS:	GOALS:
☐	★
☐	★
☐	★
☐	★
☐	★
☐	★
☐	
☐	**I'M GRATEFUL FOR:**
☐	♥
☐	♥
☐	♥
☐	♥

Notes:

Most Inspiring Quote:

Name of Allah to Reflect On:

DHUL-HIJJAH 19th, 1443 (SUNDAY, JULY 17th, 2022)

TASKS:
- [ ]
- [ ]
- [ ]
- [ ]
- [ ]
- [ ]
- [ ]
- [ ]
- [ ]
- [ ]
- [ ]
- [ ]

GOALS:
- ★
- ★
- ★
- ★
- ★

I'M GRATEFUL FOR:
- ♥
- ♥
- ♥
- ♥

Notes:

Most Inspiring Quote:

Name of Allah to Reflect On:

DHUL-HIJJAH 20th, 1443 (MONDAY, JULY 18th, 2022)

TASKS:
- [ ]
- [ ]
- [ ]
- [ ]
- [ ]
- [ ]
- [ ]
- [ ]
- [ ]
- [ ]
- [ ]
- [ ]

GOALS:
- ★
- ★
- ★
- ★
- ★

I'M GRATEFUL FOR:
- ♥
- ♥
- ♥
- ♥

Notes:

Most Inspiring Quote:

Name of Allah to Reflect On:

DHUL-HIJJAH 21ˢᵗ, 1443 (TUESDAY, JULY 19ᵗʰ, 2022)

TASKS:
- [ ]
- [ ]
- [ ]
- [ ]
- [ ]
- [ ]
- [ ]
- [ ]
- [ ]
- [ ]
- [ ]
- [ ]

GOALS:
★
★
★
★
★
★

I'M GRATEFUL FOR:
♥
♥
♥
♥

Notes:

Most Inspiring Quote:

Name of Allah to Reflect On:

DHUL-HIJJAH 22nd, 1443 (WEDNESDAY, JULY 20th, 2022)

TASKS:
- [ ]
- [ ]
- [ ]
- [ ]
- [ ]
- [ ]
- [ ]
- [ ]
- [ ]
- [ ]
- [ ]
- [ ]

GOALS:
- ★
- ★
- ★
- ★
- ★
- ★

I'M GRATEFUL FOR:
- ♥
- ♥
- ♥
- ♥

Notes:

Most Inspiring Quote:

Name of Allah to Reflect On:

DHUL-HIJJAH 23rd, 1443 (THURSDAY, JULY 21st, 2022)

TASKS:
- [ ]
- [ ]
- [ ]
- [ ]
- [ ]
- [ ]
- [ ]
- [ ]
- [ ]
- [ ]
- [ ]
- [ ]

GOALS:
- ★
- ★
- ★
- ★
- ★

I'M GRATEFUL FOR:
- ♥
- ♥
- ♥
- ♥

Notes:

Most Inspiring Quote:

Name of Allah to Reflect On:

DHUL-HIJJAH 24th, 1443 (FRIDAY, JULY 22nd, 2022)

TASKS:
- [ ]
- [ ]
- [ ]
- [ ]
- [ ]
- [ ]
- [ ]
- [ ]
- [ ]
- [ ]
- [ ]
- [ ]

GOALS:
- ★
- ★
- ★
- ★
- ★

I'M GRATEFUL FOR:
- ♥
- ♥
- ♥
- ♥

Notes:

Most Inspiring Quote:

Name of Allah to Reflect On:

DHUL-HIJJAH 25th, 1443 (SATURDAY, JULY 23rd, 2022)

TASKS:
- [ ]
- [ ]
- [ ]
- [ ]
- [ ]
- [ ]
- [ ]
- [ ]
- [ ]
- [ ]
- [ ]
- [ ]

GOALS:
- ★
- ★
- ★
- ★
- ★
- ★

I'M GRATEFUL FOR:
- ♥
- ♥
- ♥
- ♥

Notes:

Most Inspiring Quote:

Name of Allah to Reflect On:

DHUL-HIJJAH 26th, 1443 (SUNDAY, JULY 24th, 2022)

TASKS:
- [ ]
- [ ]
- [ ]
- [ ]
- [ ]
- [ ]
- [ ]
- [ ]
- [ ]
- [ ]
- [ ]
- [ ]

GOALS:
- ★
- ★
- ★
- ★
- ★
- ★

I'M GRATEFUL FOR:
- ♥
- ♥
- ♥
- ♥

Notes:

Most Inspiring Quote:

Name of Allah to Reflect On:

DHUL-HIJJAH 27th, 1443 (MONDAY, JULY 25th, 2022)

TASKS:
- ☐ _____
- ☐ _____
- ☐ _____
- ☐ _____
- ☐ _____
- ☐ _____
- ☐ _____
- ☐ _____
- ☐ _____
- ☐ _____
- ☐ _____
- ☐ _____

GOALS:
- ★ _____
- ★ _____
- ★ _____
- ★ _____
- ★ _____
- ★ _____

I'M GRATEFUL FOR:
- ♥ _____
- ♥ _____
- ♥ _____
- ♥ _____

Notes:

Most Inspiring Quote:

Name of Allah to Reflect On:

DHUL-HIJJAH 28th, 1443 (TUESDAY, JULY 26th, 2022)

TASKS:
- [ ] _____
- [ ] _____
- [ ] _____
- [ ] _____
- [ ] _____
- [ ] _____
- [ ] _____
- [ ] _____
- [ ] _____
- [ ] _____
- [ ] _____
- [ ] _____

GOALS:
★ _____
★ _____
★ _____
★ _____
★ _____
★ _____

I'M GRATEFUL FOR:
♥ _____
♥ _____
♥ _____
♥ _____

Notes:

Most Inspiring Quote:

Name of Allah to Reflect On:

DHUL-HIJJAH 29th, 1443 (WEDNESDAY, JULY 27th, 2022)

TASKS:	GOALS:
☐	★
☐	★
☐	★
☐	★
☐	★
☐	★
☐	
☐	**I'M GRATEFUL FOR:**
☐	♥
☐	♥
☐	♥
☐	♥

Notes:

"A year has already gone by and to me, it's still unbelievable yet." — Sue Roy

~ Happy Muslim Year 1444 AH! ~

www.ingramcontent.com/pod-product-compliance
Lightning Source LLC
Chambersburg PA
CBHW032059090426
42743CB00007B/169